皖西名镇分路口

郭因题

李云胜 主编

分路口镇是“六安市重点镇建设先进镇”“六安市经济发展综合实力20强乡镇”、六安市委、市政府创建“文明乡镇”先进单位、“安徽省新农村建设示范镇”。

合肥工业大学出版社

编　委　会

序

地域文化的保护与传承

翁　飞

新型城镇化是党的十八大启动新一轮改革的重中之重。2013 年 12 月中央城镇化会议公报明确指出：城镇化是现代化的必由之路。在城镇化的进程中，要传承文化，发展有历史记忆、地域特色、民族特点的美丽城镇。要让居民望得见山、看得见水、记得住乡愁；要融入现代元素，更要保护和弘扬传统优秀文化，延续城市历史文脉。

地域文化，是中华优秀传统文化的重要组成部分，有关它的研究，在近年来国际文化学界也比较流行。生活在一定地域的人们，由于地理、气候、生态、人文、习俗等原因，逐步形成具有相同属性和文化特征的生活方式和交流表征，这些构成了地域文化的基本要素。

我们安徽，随着漫长的历史变迁和社会演进，逐步形成淮河文化、皖江文化、环巢湖文化、徽州文化、大别山文化五大地域文化片区；无论山川气候、人文地理，还是饮食习俗，都各自拥有相对独特的风土人情，即俗称的“一方水土养一方人”。与之相对应，是这五大片区在近年来分别纳入黄淮海中原开发战略区（皖北淮河流域）、皖江开发开放经济带、合肥省会城市经济圈、徽州生态保护区和大别山国家级扶贫区等五大国家级战略开发区，开始进入经济发展快车道。

大别山片区，涵盖鄂豫皖三省，在我省主要是东麓的六安、安庆两市。这里是中华文明的重要发祥地，也是著名的革命老区，在漫长的历史变迁中，逐步形成了以薛家岗遗址、皋陶部落、群舒国为代表的古代皖西历史文化，以禅宗二祖至五祖为代表的佛教文化，以南北交汇林木茂盛为特色的生态文化，以芍陂、期思陂延至淠史杭为特色的横贯古今的水利文化，以及全国唯一连贯于土地革命、抗日战争、解放战争各历史时期的革命老区红色文化等丰富多彩的文化形态，历史文化资源极其丰厚。同时，由于它扼江淮之要冲，承东西之便利，战略位置十分特殊与重要，自古以来“得中原者得天下”，而要控制和经略中原，就必须控制大别山区。解放战争时期刘邓大军千里跃进大别山，以及随即发动的淮海、渡江战役，为新中国的建立奠定了基础，就是最好的例证。

在新型城镇化的进程中，如何传承和弘扬中华民族优秀的地域文化？有许多亟待解决的问题，需要破题与创新。为此，我们安徽省政府参事室、省文史研究馆组成“安徽省城镇化进程中的地域文化保护与传承”专题调研组，在今年春夏之际，对徽州文化片区和大别山文化片区进行了为期两个多月的调研。在调研过程中，我们发现，处于六安市城乡接合部的分路口镇，近年来利用区位优势和资源优势，狠抓“生态立镇、产业富镇、科技兴镇、文化强镇”的“四镇”发展战略，在城镇化进程中异军突起，2013年实现财政收入5000余万元，完成规模工业总产值18.42亿元，固定资产投资7亿元，招商引资到位资金4.85亿元，居民（农民）人均收入8520元，成为六安市扩权强镇试点镇、重点建设先进镇、市经济发展综合实力20强镇、省新农村建设示范镇，最近又被命名为“皖西名镇”。该镇是汉武帝南巡入皖首次登临驻跸的武陟山所在地，也是著名诗人蒋光慈的祖居所在地，六安籍开国中将梁从学、少将杨植亭的故乡，以及多处西周和汉代遗址，文化底蕴十分丰厚。该镇的领导班子在文化强镇的具体实施中，热情大，干劲足，希望得到我们的智力支持和帮扶。

我们也觉得，我省城镇化尽管起步较早，但面广量大、类型多，发展极不均衡。就地域历史文化遗产的传承与保护方面而言，应该在一些文化资源优势比较明显的乡镇做好试点，取得经验，带动全局。在选试点时，可以考虑先选靠近城市边缘的卫星城镇，一是由于地缘和交通的便利；二是这些城镇的居民相对易于接受城镇化的理念，能得风气之先；三是在抓重点、抓试点过程中，尤其要注重做好每一个镇的“文化强镇”顶层规划和实施方案，切实做到符合实际的“有特色”“有创新”，从而达到以点带面的效果。而六安市裕安区分路口镇，恰符合我们设定的上述前提条件。

为此，我们与该镇合作，首先是协助该镇制定《文化强镇实施纲要》，相对省、市两级的宏观层面，这份《纲要》将更贴近基层实际、更具有可操作性，也是我们在全省率先“吃螃蟹”的一种尝试。再就是呈现在大家面前的这本书，我们想通过对这个皖西名镇的资源概貌、历史人文多角度的解读，以展现它在城镇化进程中的文化传承、保护与创建中的努力与成效。并希望这些工作有助于更好地推进我们的城镇化——美好家园建设。

（作者系历史学博士，安徽省文史馆馆员，安徽历史文化研究中心主任；安徽省政府参事室、省文史研究馆“安徽省城镇化进程中的地域文化保护与传承”专题调研组组长。）

目　录

辑一　人物春秋

辑二　武陟遗踪

辑三　媒体聚焦

附录　分路口镇民风民俗

分路口镇简介

分路口镇是“六安市重点镇建设先进镇”“六安市经济发展综合实力20强乡镇”，六安市委、市政府创建“文明乡镇”先进单位，“安徽省新农村建设示范镇”。

五百里六安茶谷主入口美景

名称来历：是武陟山、独山、南岳庙三地交汇的岔道口，是南岳庙等地人民到六安，江家店人民到苏家埠，韩摆渡、徐家集、丁集、固镇等地人民到独山的必经之路，再从此地到要去的地方，故名分路口，镇政府因驻地位于分路口村而得名。

地理位置：位于六安市西郊16千米，东临城南镇、韩摆渡镇，南邻狮子岗乡，西连江家店镇，北接徐集镇。人民政府驻地分路口街道居委会，电话区号：0564，邮政编码：237143。

省市专家集体调研分路口镇

政区沿革：夏商周时期属六国，汉武帝时属六安国，东汉时期属庐江郡，隋朝属湣水县，北宋属六安县（1992年撤销），元、明、清时属六安州。1955年成立初级农业生产合作社，1957年成立高级农业生产合作社，1958年成立火箭人民公社，公社有党委会和管委会。1969年由高皇公社、淠联公社、大岭公社、分路口公社并为淠联人民公社。1971 年，淠联人民公社划分为分路口、大岭、淠联、高皇四个人民公社。1983 年体制改革，相应成立分路口、淠联、大岭、高皇四个乡。1992 年撤区并乡，将大岭乡、淠联乡、分路口乡合并建立分路口乡，乡政府驻地分路口。下辖 24 个行政村、一个街道。1998 年撤乡建镇，成立分路口镇人民政府，下辖 24 个行政村、一个街道居委会。2004 年将 25 个村（居）并为 14 个村民委员会、一个街道居委会。

政区划分：2010 年末辖淠河、莲花庵、古城、付氏祠、新行、晏公、大岭、江堰、武陟山、殷家畈、新河、杨集、新沟、枣树等 14 个村民委员会和分路口街道居委会。

人口面积：2010 年末，分路口镇总人口 48574 人，其中城镇常住人口 0.65 万人，城镇化率 13.4%。总人口中男性 24821 人，占 51.1%；女性 23753 人，占 48.9%。辖区居民大部分为汉族，另有回族等少数民族约 60 余人。2010 年人口出生率为 11.2‰，死亡率为 5.8‰，人口自然增长率为 5.4‰。辖区面积 113.48 平方千米，人口密度为每平方千米 428 人。

地形地貌：境内山、冈、湾、畈地形俱全，地势西北高、东南低，一般在海拔 30～80 米，最高点武陟山顶海拔 146.3 米，最低点淠河河床 15.7 米。

气候：气候温和，属北亚热带北部边缘的东亚季风区，四季分明，雨热同季，光照充足，无霜期长。春季温暖湿润。春末夏初进入梅雨季节，雨水集中，通常年景，梅雨季节后进入伏旱。秋季温和凉爽。冬季干冷少雪。年平均气温 15.5 度，年降水量 600～1300 毫米之间，年平均降水量 975 毫米，无霜期年平均 220 天左右。

水文：淠河自南向北流经新沟、淠河、莲花庵、古城、付氏祠、新行等村，河岸线长达15千米，是分路口镇与韩摆渡、城南、平桥等乡镇的东部界河；汲东干渠流经我镇境内达30千米，东汲河途径新河、殷家畈、江堰等村，河道全长11.3千米。

，矿藏：境内矿产资源主要为淠河的黄沙、铁砂资源，其中黄沙含量达2000万方。

农业：耕地面积6.5125万亩，其中水田5.4万亩，旱地1.1125万亩。水田以种植水稻为主，旱地以种植小麦、玉米、油菜、大麻等为主，2010年生产粮食27699吨。畜牧业以猪、家禽为主，2010年生猪饲养量达1.9万头，年末存档0.97万头，家禽饲养20.5万羽。

工业：以建筑材料、鞋服生产、粮食加工为主。2010年实现工业总产值7.02亿元，占国民生产总值的82.5%。拥有工业项目16个，职工1600人，实现工业增加值2.34亿元。

商业外贸：2010年末，共有商业网点34个，职工860人，2010年社会商品零售总额达3.2亿元。城乡集贸市场5个，年成交额1亿元。

财政金融：2010年实现财政收入1550.29万元，同比增长48.9%，其中地方财政收入1168.6万元。境内金融机构存款余额1.6亿元。

文化艺术：2010年有镇文化站、广播电视站各1处，镇、村图书室16个，藏书2.5万余册。

教育：2010年末有幼儿园11所，在园幼儿600人，幼儿教师52人；小学12所，在校学生3500人，专任教师140人，小学适龄儿童入学率100%；初中2所，在校学生3200人，专任教师120人。初中适龄人口入学率、小升初升学率、九年义务教育覆盖率均达100%。

医疗卫生：2010年末有卫生院1个，村级卫生室16个，有床位80张，每万人拥有病床17张；固定资产总值5200万元。专业卫生人员103人，其中执业医师18人，执业助理医师38人，注册护士9人，2010年度医疗机构完成诊疗（门诊部以上）6.23万人次，15个村（居）村民全部参加新型农村合作医疗或城镇居民基本医疗保险，参保率100%。

广播电视：1993年底建成分路口镇有线电视站，2010年底有线电视用户1000余户，入户率达20%。

社会保障：2010年城镇最低生活保障户数71户，人数99人，支出28.25万元，月人均237元，医疗救助86人次，民政部门资助参加合作医疗2268人次，共支出91710元。农村最低生活保障户数761户，人数1651人，支出85.9万元。国家抚恤、补助各类优抚对象593人，抚恤事业费支出105.6万元，社会福利费11.2万元。敬老院2所，床位142张，收养农村五保人员142人。

交通运输：312国道、济广高速、县道六响公路贯穿全境；宁西铁路、沪汉蓉高速铁路、阜六铁路穿镇而过；铁路货运站位于镇区。

邮政电信：2010 年末有邮政局 1 处，邮政业务总量 1000 万元。报纸、杂志累计期发行 1.1 万份。电信企业 1 家，服务网点 3 个，电话交换机总容量 8000 门，固定电话用户 0.5 万户，移动电话用户 3.3 万户，互联网用户 0.2 万户，全年电信业务收入 200 余万元。

公共交通：镇内有公交客运站，日发市区公交车 60 班次。全镇私人经营的客运、贸运、农用车辆达 500 余台（辆）。

给排水：2007 年建成分路口镇自来水厂，有净化设备 1 套，日供水 2000 吨。镇区主干道两侧铺设排水管道近 20000 米。

供电：镇有变电站 1 所。

园林绿化：建成 312 国道街道段景观带和街心三角带绿化休闲广场，绿化面积达 27000 平方米。

自然灾害：主要自然灾害有旱涝、风灾。每年梅雨季节经常有涝灾，梅雨过后常有旱灾，夏季常有龙卷风。

辑一

人物春秋

一 英布建都淠河岸边

80 集电视连续剧《楚汉传奇》热播，将人们的思绪带往烽火连天的秦末汉初。所谓乱世出英雄，六安人英布就是在那时脱颖而出，成长为一代名将的。而且，他建立的九江国就在包括分路口在内的淠河沿岸。

一句戏言成真

不知看过《楚汉传奇》的观众是否还记得第 19 集有这样的镜头，秦朝暴政，引起各路英豪起兵。赵高任用名将章邯去骊山陵颁布二世的赦令，意欲率囚犯出征。忽然有人反抗，此人正是英布。章邯敬英布有气节，让他率两千人马做前锋，讨伐逆贼。

英布带领的两千人马英勇杀敌，屡建功勋。章邯在军营中加封英布。谁料翌日清晨，深知秦朝气数已尽的英布便带两千亲兵投奔了项梁。

胡东饰演的英布一亮相就先声夺人，十分好看。不过，这只是演绎的故事，与历史真相并不一致。

《史记·黥布列传》记载："黥布者，六人也，姓英氏。秦时为布衣。少年，有客相之曰：'当刑而王。'及壮，坐法黥。布欣然笑曰：'人相我当刑而王，几是乎？'人有闻者，共俳笑之。"

这本是一句戏言，但英布却当了真，所以他在脸上被刺字后不但没有沮丧，反而认为机会来了，于是在被押送到骊山服劳役时专和罪犯的头目、豪杰来往，最终带着这一伙人逃到长江下游地区做了江湖中人。

根据史书记载，英布并没有追随过章邯，而是陈胜、吴广起义后去见番邑令吴芮，并跟他的部下一起反叛秦朝，聚集了几千人的队伍，而且番邑令吴芮还把自己的女儿嫁给英布。章邯消灭了陈胜，打败了吕臣的军队之后，黥布就带兵北上攻打秦左、右校的军队，在清波打败了他们，带兵向东挺进。

英布听说项梁平定了江东会稽，渡过长江向西进发，因为项氏世世代代做楚国的将军，他就带领着自己的军队归属了项梁，成为霸王项羽帐下五虎将之一。

其间两度为王

或许大家对电视剧上胡东饰演的英布非常仰慕，那刀削一般的鼻梁、雕刻似的眉宇，透着一股英气，符合想象中王的形象。

可能因为英布是我老乡的缘故，我回六安的时候经常会到英布墓附近溜达，那条街已经被命名为淮王街，因为他曾经被刘邦封为淮南王。

历史上的英布两度为王，第一次是九江王。

因为英布打仗经常以少胜多，为楚军赢得了广泛的敬重与信服。项羽入关后自立为西楚霸王，建都彭城，以霸主的身份分封十八路诸侯：汉王刘邦、雍王章邯、塞王司马欣、翟王董翳、西魏王魏豹、河南王申阳、韩王韩成、殷王司马卬、代王赵歇、常山王张耳、衡山王吴芮、临江王共敖、辽东王韩广、燕王

影视作品里的英布形象

臧荼、胶东王田市、齐王田都、济北王田安，英布被封为九江王。当年霸王帐下的五虎将共有季布、钟离昧、英布、龙且、虞子期，虞子期是虞姬的哥哥，但享受王爵待遇的只有英布一人，可见他的功绩无人望其项背。

英布后来归顺了刘邦，被封为淮南王。

提起淮南王，很多人首先想起的可能是那位发明了豆腐的刘安。其实，淮南王封号始于英布，后有异姓诸侯得之，更有宗室之人受封。有专家根据《二十五史》《资政通鉴》《辞海》及有关野史对历代淮南王进行过考证，并就相关历史予以整理，以窥其发展轨迹。历史上史实可信的淮南王至少有 20 位，另外还有自封及不愿就封、史实不够充分的淮南王 7 位，合计至少 27 位。

西汉得到淮南王封号的先后有英布、刘长、刘喜、刘安。其中英布、刘长、刘安都反叛朝廷，所以，汉武帝以后的两汉时期没有再封淮南王。

英布两任为王时都城都在六安，只是那时的六安城并不在今天的地界，而是在六安市区北 6 千米处，距离分路口镇不远。

我们特意来到那里，放眼望去，居然有两座古城，城址相距仅 300 米，东西对峙，后人以其位置分别称为东、西古城。其中西古城就是当年英布的王城，现存南北长 471 米、东西宽 229 米、厚约 2～5 米的城墙，四个方向各遗留有一大土堆，高约 10～13 米。经初步考古发掘，所出实物为春秋至汉代遗物，为省级重点文物保护单位。

先后两次反叛

我们在采访过程中，不断被一些问题困惑，比如：项羽、刘邦都待英布不薄，为什么他要背叛他们？难道英布天生长有反骨？

这得从史实中寻找答案。

英布尽管作战勇敢，屡建战功，但在封王后就有人评价说，他是骊山刑徒出身，缺乏政治抱负。经过奋斗已有王爵，肯定只图自保，不会为百姓以及子孙万代考虑。

事实果然如此，立国之后的英布对项羽的态度大变。项羽出兵攻击齐国的田荣，向英布征兵，只得到区区 4000 人；彭城遭遇刘邦围困，英布也托病不救。项羽因此对英布不满。他多次派人召英布，英布都不敢去。

项羽考虑到由于当时敌人太多，北边有齐赵，西边有刘邦，都是麻烦策源地，再说英布毕竟是个难得的将才，项羽尚有爱才之心，所以也就没有立即解决他。

刘邦兵败彭城后，派隋何去游说英布反项羽。英布听了隋何的话，表面上答应，但心里还是拿不定主意，刚好此时楚使来催促英布发兵，隋何心生一计，跑出来说英布已经降汉，楚使慌忙逃走。

隋何跟英布说，反叛已成事实，应派人赶去杀了楚使，英布此时只能照做，杀了楚使。项羽大怒，派龙且攻九江，英布不敌，败逃汉地，从此开始事汉。

英布的反叛对项羽来说是致命一击，他后来随汉军转战至垓下，项羽最终乌江自刎。不过，功高震主可不是什么好事，楚汉战争结束以后，汉初三大将中的韩信、彭越被杀，令英布感到恐怖，他担心会遭到同样的厄运，所以积蓄力量，制订作战计划。后被与他爱妾私通的贲赫告发，被逼造反，但最终还是被刘邦所败，落了个被杀的命运。

梳理一下英布两次反叛的经过，应该说皆非出于真心，前一次叛楚是权衡利弊犹豫不决，而后一次的叛汉，则为被逼拼死一搏。

英布墓亟待保护

漫步在六安市淮王街，该市文物局文物科科长杨先锋先生指着路西边的一个大土堆说，这就是英布墓。

真没想到一代英雄的墓会如此残破，尽管土堆四周已经被围墙围了起来，但里面还夹杂着不少建筑垃圾。

杨先锋先生解释说，据考证，英布为皋陶的五十九世孙，“英布墓在儒学东岗”，即六安市水电局家属区内原关帝庙大殿前，正殿右侧院内原竖有石碑一座，高约 2.5 米、宽约 0.7 米，上镌阴文楷书“汉九江王英布墓”，乃安徽布政使吴坤修手书。1987 年 7 月该遗址被列为市级重点文物保护单位。

后来这一带被开发为住宅小区，六安市建设部门制定了强制性保护规划，即以英布墓墓址为中心，划定了东西长 30 米，

据说这就是六安英布墓

南北宽 32 米（900 多平方米）的保护控制地带，只是由于客观原因，至今尚处于待建设状态。

我问杨先锋先生：“据说湖北省黄冈市英山县鸡鸣尖山上也有一座英布墓，这两座孰真孰假呀？”

杨先锋先生笑着说，他们曾经和湖北省黄冈市英山县文物部门交流过，由于两座英布墓都没有发掘，墓里到底埋的什么尚不知晓。不过，根据相关史料记载推测，英布被杀后，头颅被割下送给刘邦验明正身，最后埋在了家乡。可以设想假如有一天发掘六安英布墓，可能就是没有躯干的头颅。

期待英布墓早日得到保护吧！

二　百战骁将梁从学

1936年，国民党军队开始了对红二十八军的清剿，梁从学带领由警卫员小秀、西北军老兵冯老改、手枪排长霍金刚，及10余名手枪队员组成的小分队，换上国民党军服下山。他带领小分队将计就计，飞夺千秋关；设置“戏中戏”，巧取杨家桥；剥茧抽丝，智斗倪金墨……终于处死了奸细，接回特使，胜利完成了任务。电影《下山》生动地再现了梁从学将军当年在皖北打游击的画面。

梁从学将军

英雄不问出处，放牛娃当上了红军师长

梁从学1903年出生在六安县淠联乡的一个贫寒的农民家庭。由于家里世代务农，梁从学很小就会干许多农活，不仅会

种田，还会酿酒和做挂面。也正是这种艰苦的日子，让梁从学从小就有一种不怕吃苦、顽强拼搏的精神。当 1929 年秋，由中共领导的农民运动在皖西地区风起云涌时，梁从学便义无反顾地加入进来。

1930 年 9 月，赤卫军选拔优秀分子补充红军主力部队，梁从学被选送到六安县独立团第一营第二连当战士，因作战勇敢，表现突出，不久即任班长，11 月升任排长。从此，这个没有进过学堂、也没有摸过钢枪的放牛娃，就像一颗冉冉升起的新星，他优秀的军事才能日益突显。

后来，梁从学又随部队参加了鄂豫皖根据地的第二、第三次反“围剿”斗争。1934 年，在第五次反“围剿”中，已经担任红军第八十二师二营营长的梁从学，被任命为第八十二师师长。担任师长不久后，梁从学就率领部队在葛藤山打了一个漂亮仗。

纪念梁从学将军 110 周年座谈会

因为作战英勇、为人忠厚，战友们给梁从学起了一个形象的绰号——老黄犍。

“七七”事变发生后，鄂豫皖边区红军在红安七里坪集中，整编为新四军第四支队，随即开赴皖中抗日前线。梁从学被任命为第四支队游击纵队纵队长。他率领部队积极宣传共产党的抗日主张，发动人民群众参加抗日救亡运动，在较短的时间内，使游击队发展到近千人，壮大了抗日的武装力量。1940年6月，梁从学调至新四军江北指挥部军政干部学校学习，9月，受命担任新四军第二师津浦路西联防司令部司令员，为淮南津浦路西抗日根据地的建设和地方人民武装力量的发展，作出了贡献。1941年2月至1945年9月，梁从学一直担任第二师第四旅旅长，率部坚守淮南津浦路西地区，多次参加了规模较大的反“扫荡”战斗。在六合金牛山反击日伪军合围的战斗中，梁从学率部顽强抗敌，经激烈战斗，取得了毙伤日伪军500余人的重大胜利。他还指挥部队参加了定远大桥集、泗阳陈道口、定远王子城、全椒周家岗等数十次战斗。在大桥集反顽战斗中，梁从学率部自津浦路东采取长途奔袭战术，一举歼灭号称“从未打过败仗”的桂顽第一七一师第五一一团第一营1000余人，稳定了淮南抗日民主根据地的形势。

多次负伤，子弹从前胸穿透后背

“小时候，一家人围坐在一起吃饭，妈妈和我们兄弟姊妹几个，都是右手抓筷子。唯独爸爸，是用左手抓筷子。这么一来，他的筷子，就老是和他左边那人的筷子‘打架’。我们一直以为爸爸是个左撇子，后来才知道，他右手的一根筋，打仗时被打断了。右手手指不灵活了，只能改用左手抓筷子。”梁从学将军儿子梁海波回忆道。

不仅胳膊受过伤，梁海波数过，父亲身上大大小小的战伤，有13处之多。其中，最显眼的一处，子弹从前胸贯穿到后背。“这颗子弹从他的左前胸打进，后背穿出。子弹是从肺动脉和心脏之间打进身体的，只要误差半厘米，爸爸肯定就牺牲了。”

那颗子弹留下的疤痕触目惊心，“左前胸是个蚕豆大的疤，背上的伤疤，则有拳头那么大”。

战争年代，部队的药品和医疗器械极度缺乏。梁海波还记得，父亲是这样讲述他疗伤的经过，“伤口化脓了，里面还长了蛆。于是，就找来新鲜的丝瓜瓤、南瓜瓤，塞进伤口。过一会儿，瓜瓤里就流满了脓血，蛆也钻了进去。把瓜瓤抽出来，再放一根新的进去。如此反复，直到伤口愈合。如果能找到盐水清洗伤口，那就是最好的药了”。

大别山剿匪，敌人最怕“梁老虎”

新中国成立初期，皖北地区土匪活动十分猖獗。根据上级指示，梁从学担任皖北军区前线剿匪指挥部司令员，担任东线剿匪的任务。该地区地处大别山腹地，这里崇山峻岭、树大林深，一直是敌我双方争夺的战略要点。

在剿匪的过程中，梁从学针对土匪的活动特点，以大山为重点，实行追剿、清剿和驻剿相结合的方针，各部队以连、排为单位，以分散对分散，以游击对游击，白天搜山，夜间巡逻，时而合击，时而追剿。这一战术十分奏效，土匪在沉重打击下不断被歼。匪特总司令在发给其上级的电报中惊呼："弟兄们士气消沉，民心观望，若短期内不能占领武汉，卑职恐难潜伏于大别山。"

当几位匪首被俘以后，一开始对梁从学非常不服气，他们个个出身名牌军校，怎么也不相信，居然真的就这样败给了貌似山里人的梁从学。到了 1951 年底，在梁从学的带领下，皖北全境共歼匪特 3.2 万余人，缴获大批军械物资，彻底肃清了皖北境内的土匪。

1955 年，在评定军衔时，梁从学时任皖北军区司令员，按照当时的职务，他只能授予少将军衔。然而，和他一起战斗过的老战友们说，梁从学参加革命时间长、资格老、功劳大，如果只授予少将，他们有意见。梁从学的老领导、国务院副总理陈毅也不赞成给梁从学授少将衔，他认为梁从学身经百战，劳苦功高，应该评中将。

9 月份正式授衔时，梁从学的名字列入了中将之列。同时，还被授予一级八一勋章、一级独立自由勋章和一级解放勋章。

在共和国建立的伟大历史中，涌现出无数刚强勇敢的战士和奋斗者，他们每一个人的故事，都堪称一部壮丽的史诗，其中的篇章，既有战争年代的叱咤风云，也有和平年代的柔情大爱。

三　军需功臣杨植亭

杨植亭将军

2014年，对于六安分路口镇是一个特殊的年份，因为这一年是一代军需干将杨植亭少将逝世32周年。大别山的血雨腥风，鄂豫陕的烽火征程，华北平原的南北转战，解放战争的浴血战斗，抗美援朝的紧张支前，将军在每一个重要时刻，都留下了让人敬重的英勇身影。

如何缅怀将军，笔者决定起身寻访那段让人刻骨铭心的将军往事。

将军的后代回忆先烈

分路口镇江堰村，这个不到20平方千米、只有4000多人的古朴小村落，是杨植亭将军的出生地，也是其最早投身革命的地方。

在此地笔者有幸见到了杨植亭将军的后人，今年已 63 岁的杨克江老人，他是杨植亭的孙子，也是唯一一位留守在此的将军后人。当笔者说明来意后，老人浑浊的双眼已饱含泪水。

虽然杨植亭将军已故去多年，但杨克江对爷爷的记忆依然清晰。老人家的回忆，让我们重新回到了将军所在的那个红色年代。

1905 年 2 月，杨植亭出生在六安县徐集区（今属六安市裕安区）一个贫苦的农民家庭。童年的苦难在他心底打下了深深的烙印，24 岁那年，他参加了中国工农红军。

杨植亭和妻子合影

“爷爷兄弟三人，他是老小，参加革命前，两个哥哥都在打土豪分田地的战斗中牺牲了，艰辛苦难的生活让他义无反顾地投身革命。”杨克江说，参加革命时，为表明对革命事业的忠诚，爷爷特意把本名杨文财改成了现在的名字。

革命斗争是残酷的，1934 年，第七次反“围剿”的失利，让杨植亭不得不作出远离家乡追随革命的选择。此时，已结婚并育有儿女的他，做着痛苦的思想斗争，这也是那个特殊年代无数革命者共同面对的现实。

在与亲人道别后，杨植亭踏上了漫漫长征路。

红军走后，国民党烧了杨植亭家的房屋，并将他的母亲赶出了家门，无依无靠，流落街头，最后冻饿而死。

没能给母亲养老送终，没能为母亲尽孝，杨植亭的心是痛的，但自古忠孝难两全，杨植亭为了穷苦人翻身解放，继续行进在革命的道路上。

在长征途中，杨植亭负责部队军需物品的保管，组织让其保管部队的两袋银圆，到达陕南，创建鄂豫陕革命根据地时，他一文不少地上交给了组织。

那时他在红二十五军中年龄算比较大的，又是采办、管理军需物品的行家里手，战友们有时常称他为“老洋货”。

“从那时起，爷爷就把后勤工作扛在肩上，就这样兢兢业业、任劳任怨地干了一辈子。”杨克江感慨爷爷的无私敬业。

抗日队伍里的军需官

转眼就到了 1937 年，那个让所有中国人铭记的年份，这一年，日本帝国主义悍然发动全面侵华战争。此时的杨植亭已是 115 师部军实科科长兼兵站站长，这年秋天，他参加了一场写入历史的著名战役。

9 月中旬，沿平绥路西进的侵华日军占领大同后，分兵两路向雁门关、平型关一线进攻，企图进逼太原。为了配合友军作战，阻挡日军的攻势，八路军第 115 师在师长林彪、副师长聂荣臻指挥下，奉命开抵平型关地区。

按照聂荣臻的部署，军实科立下军令状：不惜一切，保证参战部队的粮食、弹药供应。军实科昼夜不停地向平型关战役前线运送粮食弹药，及时保证了军需供给。平型关战役的胜利，极大地鼓舞了全国人民抗日的士气。杨植亭在此战中功劳卓著。

两个月后，115 师挺进敌后成立晋察冀军区，但由于军需困难，聂荣臻命忠厚能干、又有些文化底子的杨植亭，参与组建晋察冀军区供给部，并由他任供给部军实科科长。

正是在这段时期，杨植亭经组织批准，结识了他的革命伴侣——曹秀峰（已故），两人在抗日最残酷时期相互勉励、并肩战斗。

为后勤保障贡献力量

1945 年，抗日战争终于迎来了胜利，但蒋介石集团却挑起内战，对解放区实施进攻，危机时刻解放大军伴着隆隆炮火奋勇杀敌，势如破竹，开始气壮山河的战略大反攻。

由于解放区民众踊跃参军，部队迅速扩大，军需猛增。1948 年，时任华北军区供给部副部长的杨植亭，奉命率领部分干部、技师、工人等 100 多人组成军需补给队，筹建军用染布厂、被服军装厂，生产军衣军被供应华北各解放区。

随着解放军的节节胜利，敌我形势发生了根本转变，很快就形成隔江相望，直逼南京的局势。这时杨植亭却被派往石家庄办事处，7 月又调往华北办事处，他服从组织安排，表现出一名共产党员在革命大局面前无私的高尚情操。

1950 年 1 月，华北军区在北京成立后勤部，杨植亭任军需部副部长、部长。随后杨植亭一家从山西太原搬进北京东城大方胡同的一个小院，算是“居有定所”了。然而难得的和平生活很快被朝鲜战场的枪炮声打破。

兵马未动，粮草先行。杨植亭人未解甲，马未卸鞍，又投入抗美援朝的军需供应中。在一个月内赶制 10 万套军衣支援朝鲜战场，同时，又承担了整个朝鲜战场的大部分物资供应。为了让将士们能在冰天雪地里填饱肚子，杨植亭更是召集了后勤部全体同志，在办公楼空地上，支起 100 多个锅灶，带领全体官兵炒米炒面，一连几个昼夜。也许现代人怎么也想象不到那是怎样的场景，但就是这群“最可爱的人”的默默奉献，才让我们体味到和平的来之不易。

积劳成疾倒在了军需岗位上

抗美援朝战争结束后，原本应该歇一歇的杨植亭，却因几十年的忘我工作，身体大不如前。

据曹秀峰生前回忆，1954 年初，杨植亭因积劳成疾，胃部大出血，几乎吐了半脸盆鲜血。此后，身体每况愈下，1974 年杨植亭患上了心肌梗死，经过半年多的抢救治疗，才转危为安。

“1974 年，爷爷病危时，父亲带着我去北京看望爷爷，在那住了个把月后，见爷爷身体有所好转，父亲因习惯了农村的生活，最后还是回来了。”这是杨克江与杨植亭相处时间最长的一次，此后由于分隔两地，出行不便，杨克江很少能与爷爷见面。

8 年后，即 1982 年 11 月 30 日上午 10 时 45 分，杨植亭永远离开了他钟爱的革命事业。在当年将军的追悼会上，时任北京军区后勤部部长衣瑞伦有这样一段感慨致词：他长期从事后勤工作，积累了丰富的工作经验，为我军后勤建设贡献了自己全部心血。因病休息后，他仍以旺盛的革命精神，顽强的革命毅力与病魔作斗争。

这就是杨植亭将军，他把最宝贵的人生都献给了伟大的中国革命事业，他无私奉献无怨无悔，用自己的一腔热血感染着我们身边每一个人。

如今，在将军的故土，笔者看到的是这片宽阔的土地，历经沧海桑田显露出的独特魅力，红瓦白墙、青山绿水、安静祥和之景，让人感动。

四　倒在“肃反”枪口下的江求顺

“自打我参加革命那时候起，就已经不怕死了，我就已经把命交给党了。要是让我死在战场上，死在敌人的炮火里，我眼都不带眨一下的。可今天我要是死在这，我死都瞑不了目！”这是江求顺在面对张国焘的屠刀时，发出的最后的呐喊，这也是在“肃反”中被错误打倒的所有的同志们的呐喊。可就算是如此振聋发聩的声音，在那个时期也显得无比的苍白。即便如此，江求顺也从未放弃过对党的信仰、对革命的信仰。就在行刑前一刻，就在张国焘的刽子手举起那罪恶的枪口对准江求顺的那一刻，江求顺的警卫员哭着冲到他的跟前，死死地护在他的面前。江求顺微笑着拍拍他的头：“这么大的小伙子，哭哭啼啼的像个什么！赶紧擦干净脸，我相信党和历史会还给我一个公道，你一定要好好跟着党干！”这就是江求顺，一个至死都跟党走的江求顺。

放牛娃出身的苦孩子

1909 年，江求顺出生在安徽省六安县（当时为县）黄家

江求顺家人手捧烈士遗像

苗乡横店子（现在为分路口镇）的一个贫苦的家庭里。都说穷人的孩子早当家，像大多数红军战士一样，江求顺从小就吃尽苦头，很小就会下田帮父母干农活。

11 岁那年，懂事的江求顺为了帮父母分忧，就跑去给地主放牛。即便如此，家里还经常吃不上饭，有一顿没一顿的。一次家里断炊，饿得实在不行的江求顺就跑去姨夫那里借粮食。江求顺的这个姨夫在当时可谓是富甲一方了，是当地出了名的土财主，还是个铁公鸡。江求顺也知道这个姨夫不好讲话，但他是实在没办法了才来此处的。本想这个姨夫会念及大家是亲戚，怎么的也得借点粮食给他，可结果却让江求顺彻底寒了心。这位地主姨夫不但没有借粮食给他，反而当众辱骂年少的江求顺，骂他是穷鬼，喊来下人连推带搡地把江求顺轰了出来。

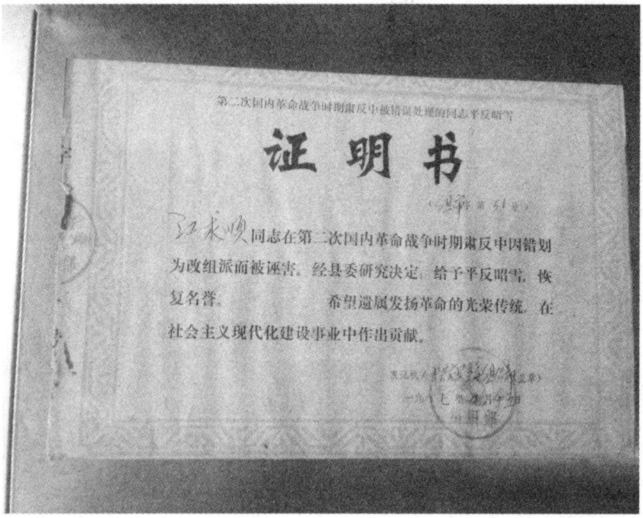

江求顺烈士的平反昭雪证明书

童年的苦难日子，使江求顺从小就看到了旧社会的不公，旧世道的不平，以至于毅然决然地走上革命的道路，至死都不曾回头。

1927 年大革命失败，国民党反动派开始大肆捕杀共产党员，掀起了一场以屠杀共产党员为目的的白色恐怖活动，当时有国民党反动派甚至喊出了这样的一句口号：“宁错杀千人，不放一个。”也正是因为这次白色恐怖活动，让六安地区轰轰烈烈的农民革命运动陷入低潮。这年 10 月，中共六安县委根据党的八七会议精神，开始整顿和发展党的组织，秘密组织农民协会以及工农武装，酝酿发动一场大规模的农民起义。这时的江求顺已经18岁，从小怀揣着改变世道理想的他，从中国共产党身上看到了希望，于是他毅然地加入了少先队。

走上了革命道路

1928年冬，江求顺随皖北根据地主要创建人毛正初潜入了六安县徐集民团内部，建立秘密组织，开展士兵运动，并伺机夺取敌人武器，举行武装起义。鄂豫皖边界的立夏起义，似沉沉黑夜中的一声惊雷，震撼了国民党反动派，也极大地鼓舞了六安周边地区革命群众的士气。这年11月，红色风暴席卷皖西大地，到处都在暴动！徐集也爆发了民团起义。一天夜里，根据党的指示，江求顺和共产党员李家宽趁站岗之际，悄悄下了7个团丁的枪栓，然后同民团内的几个农协成员假装睡在床上，密切监视民团反动分子。等到起义的枪声一响，江求顺带头冲进民团团部，开枪击毙了团总朱晴川。起义军举枪对天齐射，30多个反动团丁被吓得立马缴械投降。江求顺和农协成员以及革命群众涌上街头，打土豪、捉劣绅，表现了极大的革命热情。由于他敢于斗争，作战英勇，被吸收为共青团员。

自此，这个名不见经传的青年越战越勇，在皖西北地区打的仗越来越多，也越来越大；由他带领的红军二十八师在皖西打了无数个游击战，为粉碎国民党对鄂豫皖苏区进行的第五次反革命"围剿"作出了极大的贡献。而江求顺这个皖西游击总司令的名号，在皖西大地上也是传得越来越响亮。

可就是这样一位功勋卓著、对党对革命赤胆忠心的好同志，就是这样一位为革命抛头颅、洒热血的大英雄，竟然在张国焘的“左”倾肃反中于1934年9月被杀害于赤南县老姜湾（一说为霍山县大化坪）。虽然党在后来“纠左”时追封其为烈士，但毕竟人已死去，只求能给其后人一个安慰吧。

江求顺曾经住过的老屋拆下来的桁条

追寻烈士的遗迹

为了追寻烈士的遗迹，我们一行人一大早就从合肥出发，赶往六安市分路口，去看一看烈士当年生活过的地方，缅怀这位为信念而死的英雄。

即便我们走得很早，在我们赶到江求顺老家的时候也已经是中午了。停下车子，步行在去往烈士老家的乡间小路上，当我们头顶炎炎烈日，当眼前有不知名的鸟儿飞过，当微风轻轻地吹动着两边的稻子，我们突然发现，这里除了交通不方便，竟然是如此的美丽。可能也正是因为交通不方便，才会这般美丽吧。

幸运的是，当我们一行人赶到江求顺的老家时，他们一家人正准备吃午饭，所以我们有幸采访到了江求顺的二弟媳，一个 85 岁高龄的老太太，以及他的侄女江贤东和侄女婿黄广成。

“我们家大哥死得冤啊，一心一意闹革命，结果却被张国焘给害没了!”这是老太太在采访中说得最多的一句话，每每说起这句话，老太太都显得很激动，“当年张国焘要害我们家大哥，我们家老头子（江求顺二弟）为救大哥，到处奔走找人，求人证明我们家大哥是清白的，也有好多人给我们家大哥求情，张震东给我们家大哥求过好多次，可是那张国焘非要害我们家大哥，没办法啊。”老太太虽然已经 85 岁高龄了，但在与我们谈心的时候，思路还是很清晰。在与江家人的交谈中，我们无意中还了解到，原来江求顺的侄女婿黄广成是入赘到江家的，当我们谈到此事时，黄广成以农村人特有的朴实的笑容跟我们讲：“讲实话，入赘本来不是一件有什么值得说的事，但入赘到他们家，我觉得是一件很光荣的事。”

最后，老太太跟我们说了这样一席话，让我们惋惜不已，也让我们沉思许久："你们要是早来一年就好了，那时候我家老头子还在（江求顺的二弟），但是去年害病走了。他对他大哥的事知道得最清楚，要真讲起来，给你们讲一天都讲不完。活着的时候他老是跟我们唠叨他大哥，但真需要他讲的时候，人却不在了。我们家后面以前还有一座老房子，但是在去年老头去世的时候倒了，现在只留下墙根桩基了，我们家老头子他们兄弟姐妹5个人都是出生在那老房子里的。"

全国像江求顺烈士这样的例子恐怕不在少数，那个年代离我们越来越远，那个时代的人也都相继离世，亲身经历过那个年代并能为我们娓娓道出历史的人越来越少。时间不等人，赶紧发掘才是当务之急，别让我们这样的遗憾再发生。

五　革命书生周天庆

六安市裕安区分路口镇，一块红色的土地。这里有无数耳熟能详的革命家，而这其中，周天庆烈士是较为特殊的，他为了红色革命信念毅然背叛自己的阶级，走上了为贫苦百姓疾呼呐喊之路。然而他却在一次错误的肃反运动中，提前结束了年轻的生命。枪声响起，扼腕叹息。

脱下皮鞋穿上草鞋

"周天庆乃至周氏一家是皖西西北边革命队伍中，少有的知识分子家庭，前后走出了五位脱下皮鞋穿上草鞋的革命青年，毫不夸张地讲他们在当地就是革命的'号手'。"文史学者鲍劲夫如是说。

周天庆出生在一个怎样的家庭？什么原因能使他决然迈出走向革命道路的第一步？又是什么力量让周氏一家英雄辈出？这一串疑问成为我们追本溯源的原动力。

1906 年，周天庆出生在安徽六安县分路口，家中三个兄弟，他排行老二，当时他有个外号叫周二胡子，这也许与当时周家的家境有一定关系，他的父亲做布匹生意，并在街上开设了一间布庄，一家人的日子过得富裕知足。

不过，说来也怪，周家这三个孩子，并没有以地主出身为傲，反而以此为耻。

这又是什么原因？原来五四运动后，在北京、上海等地的皖西籍学生、学者不断将《新青年》《每周评论》等进步刊物传回家乡。1919 年，六安省立第三甲种农业学校朱蕴山等进步师生组织了“中国革命小组”开展革命宣传。就在这样的历史大背景下，从小就读私塾的兄弟三人，很早就受到了革命理念的洗礼。

“为了证明自己的革命决心，周家三兄弟甚至一把火烧了自家的布庄，长辈差点背过气，在当地引起了不小的轰动。”鲍劲夫告诉笔者，周家老大周大胡子（姓名不详）、老二周天庆、老三周范文、妹婿陈靖远以及周大胡子的儿子周竹青投身革命是基于一个知识分子对马克思主义以及中国革命发展趋势的清醒认识而作出的果断而正确的抉择。

遇见了领路人

每个参加革命的进步人士，都有一个举足轻重的领路人。在周天庆的革命生涯中，毛正初这个人不得不提，他与周天庆有着同样的背景——出身地主家庭。在校时毛正初研读大量进步书刊，中学毕业后，受中共党组织派遣，入黄埔军校第六期学习，并在1926年加入中国共产党。1927年回家乡徐集镇开展农民运动，由于队伍亟需经营人才，周天庆进入到毛正初的视野中。

“他思想进步，又懂经济，会算盘，很得毛正初欣赏。当年，周天庆就加入了中国共产党。”鲍劲夫说，为了让革命成果进一步扩大，当时的中共六安特委，将党员分配到六安西北乡城关、西南乡、金家寨、东南乡等地开展地下宣传工作，周天庆主要在西北乡一带活动，与他的大哥周大胡子、王退之等一起闹革命。那时处于白色恐怖时期，为防止暴露身份也为了加深革命影响，宣传革命道理时，周天庆他们多以少爷、老师的身份来做掩护。

就在这一年，安徽省委临时委员会要求六安发动一次武装暴动，但由于刚刚历经了大革命的失败，革命队伍受到了极大削弱，回到六安的共产党员只有 36 人，而这时蒋介石集团的白色恐怖依然笼罩在皖西大地上，当年的暴动并没有开展起来。

第一次暴力运动

1928 年，在外地参加革命的周家老三周范文，根据上级指示回到六安，成立中共六安县委，在农民中间开展运动。然而，最初的革命宣传并不像想象中那样容易，贫苦百姓在听闻“打倒土豪劣绅，农民翻身当家做主”的革命宣传口号后，不仅没有认同感，反而显得惊恐又不知所措。面对敢怒不敢言、深受压迫的老乡，周天庆深感解救劳苦大众于水火的重要。

如何让农民相信自己能成为当家人，周范文、周天庆、王退之等人决定以行动来说明。

在南岳庙村一带，大地主侯自环可算是当地一霸，他的收租面积很大，不少农民都受他欺压。

“那时收租由地主自订规矩，在农历五月节或六月六庄稼丰收时，大地主现场验收决定这一年扣租的比例，一般来说佃户收成越好，地主拿的越多。”

这年入夏，侯自环要到南岳庙村一佃户家设库收租，事前周天庆通过五塔寺的一位和尚王大树了解到侯自环设库和到五塔寺休息的时间。

一个炎热下午，当侯自环骑着马向南云庙赶时，周天庆、王退之等人早已在五塔寺下设伏，他们一边假装割草一边紧盯路面，侯自环只带了一个马夫，众人见状，一拥而上，侯自环一命呜呼。这场斗争也是党在六安、霍山这一地域，领导农民开展的第一次武装斗争，对随后的立夏节起义和六霍起义起到了重要作用。

正当皖西革命烽火正呈燎原之势时，周天庆和大哥在张国焘错误肃反路线下被杀害了。

2014 年 8 月，当笔者来到分路口镇时，遇见了周天庆的重孙，年过六旬的周仁平老人。由于年代久远，对于曾祖父的生平经历，周老似乎并不清楚。

正当笔者遗憾万分时，周老提醒到，家中存放着周氏族谱，可以翻阅了解。

“请族谱是相当讲究的，要焚香、磕头，且要在白事时，否则是要犯忌讳的。”但时间不等人，在笔者的再三请求下，周老答应一个月后的农历八月二十日请族谱。

从来没有感到一个月有如此漫长，上香、洒酒、祭拜，周家人按照古老习俗，一步步揭开族谱背后周家那段艰辛的革命岁月。在泛黄的宣纸上，字迹依然清晰，这时一个熟悉的名字映入我们的眼中——周天庆。

六　红色作家蒋光慈

1931年夏，一颗年轻的流星从天空中划过，泯灭在浩瀚的星空中。他就是被誉为“红色作家”“诗人”的蒋光慈。

在流星陨落80余年后的2014年，我们来到蒋光慈祖居地的六安市分路口镇走访。

流星轨迹

蒋光慈

蒋光慈，谱名蒋儒恒（又名蒋如恒，学名蒋宣恒），笔名侠僧、蒋光赤等。据皋城《蒋氏宗谱》记载：蒋光慈先祖“贯公”为避宋金之乱，自江西迁居六安分路口镇，至八世祖“鸣贤公”离开分路口的武陟山脚下，至祖父蒋德福漂泊至现金寨县白塔畈镇以轿夫为生计。1901 年，蒋光慈出生在“业商”的父亲蒋敦芳位于白塔畈镇的旧宅里。父亲蒋敦芳，字文周，号从甫。蒋敦芳一生从商，虽然勤俭持家，已在白塔畈镇置下薄地和两间房产，但仍盼望家中后代饱读诗书。于是 7 岁的蒋光慈便被送到私塾念书；至 14 岁，父亲又把蒋光慈送入与白塔畈镇一河之隔的河南省固始县的县立志成小学读书。

在校更名蒋宣恒的蒋光慈，在这里遇见了他的革命领路人——詹谷堂。詹谷堂烈士的进步思想给少年蒋光慈带来极大的影响，这对蒋光慈最终走向红色作家之路，起到了关键性的作用。

少年蒋光慈，在 16 岁时即作出“昔日思班子，今朝慕列宁”的红色诗作。同年，考入河南省固始县中学的蒋光慈，因闹学潮被学校开除，暂返白塔畈“修业”。第二年，即 1917 年，蒋光慈考入位于芜湖的安徽省立第五中学，在这所红色革命的摇篮里，中共早期党员高语罕、沈泽民、董亦湘等均曾在该校任教。章士钊、陈独秀、栢烈武、苏曼殊等先后在这里传播红色革命的思想。深受红色革命思想影响的蒋光慈，在此号“侠僧”，与一批进步青年成立了“安社”，主编油印小报《自由之花》。在此，他为了表示对家庭包办婚姻的不满和对波兰剧作家廖抗夫的名剧《夜未央》中的主人公苏维亚的无比羡慕，他写下“今生不遇苏维亚，死到黄泉也独身”的诗句。

1919 年，五四运动爆发，蒋光慈与在芜湖的进步青年组成学联，号召罢课以响应北京的学生运动，他第一次使用笔名“蒋光赤”在《皖江日报》上发表文章，成为安徽著名的年轻红色作家。1920 年，蒋光慈与部分进步青年取道南京，在上海加入中国社会主义青年团。在中共创办的“外国语学社”里，与刘少奇、萧劲光、任弼时、澎湃等一起参加俄语学习。次年夏初，与刘少奇、萧劲光、任弼时等一同赴莫斯科，进入莫斯科东方共产主义劳动大学中国班学习，师从瞿秋白学习俄语。在苏联，他取了一个苏联名字“乌特金”。

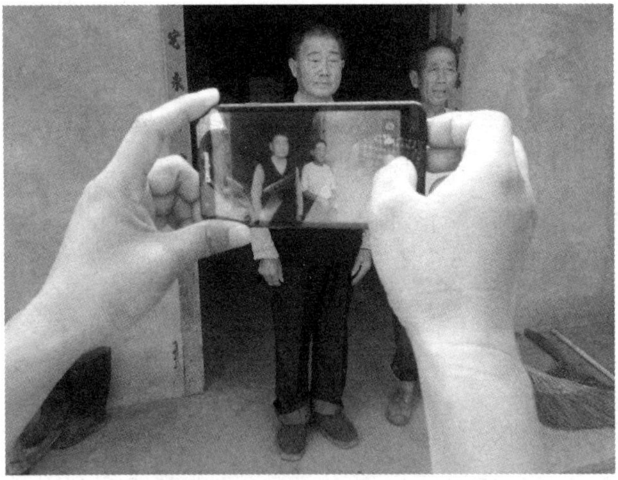

采访蒋光慈的亲属

1922 年，年仅 22 岁的蒋光慈在苏联加入中国共产党。蒋光慈在克里姆林宫见到列宁，并一起参加了星期六的共产主义义务劳动。在苏联度过的三年里，蒋光慈一面积极学习苏俄文学和进步思想，一面用自己学到的俄语知识和革命理论知识，积极帮助后到的中国学生。1924 年列宁去世，蒋光慈作为学生代表，参加了列宁的追悼活动。同年初夏，蒋光慈返回祖国，积极参加共产主义革命实践，在皖西、豫南创建基层党组织的同时，投入到革命文学创作中。后经瞿秋白介绍，他在上海大学社会学系任教授，发表了《无产阶级革命与文化》等著名论文，提出了“建立无产阶级革命文学”的主张。

在后来的日子里，蒋光慈出版了第一部新诗集《新梦》和第一部中篇小说《少年漂泊者》，在进步青年中引起巨大反响。

1928 年，蒋光慈负责主编的《太阳月刊》正式出版，在他和钱杏邨等人的倡导下，“太阳社”同时宣告成立。“左联”成立后，他主编“左联”机关刊物《拓荒者》。

尽管蒋光慈的“革命文学”理论和当时的很多著名文学家不同，并为此引起巨大的争论。蒋光慈依然信守着“革命文学”的理想，即使他在日本养病期间，依然创建“太阳社东京支部”。

1930 年，蒋光慈对中共党内的“左”倾思潮表现出不满，愤然提出退党，10 月，被开除党籍。尽管如此，蒋光慈依然为革命事业做着贡献。此后，他继续出版大量革命著作，同年《咆哮了的土地》刚一完稿，即遭国民党当局的查禁，本人也遭追捕。1931 年夏末，东躲西藏、贫病交加的蒋光慈，在上海虹口同仁医院三等病房去世，化名蒋资川，葬于江湾上海公墓。

瞻怀故里

根据皋城《蒋氏宗谱》的叙述，蒋光慈的祖父已经定居白塔畈镇，可是他们又是如何返回分路口镇的呢？

原来，早在蒋光慈读私塾时，依照民俗，父亲蒋敦芳便为蒋光慈定下一门亲事，虽说蒋家在白塔畈镇是独门单户，但为人忠厚又能勤俭持家的蒋敦芳，在镇子上人缘尚好。当时白塔畈镇望族大户王诗华，将长女王书英送至蒋家为童养媳。少年的蒋光慈与王书英虽是青梅竹马，但出门读书又极具进步思想的蒋光慈，内心是坚决抵制这种包办婚姻的。由于蒋光慈对婚姻的坚决抵制并提出退婚，忠厚的蒋敦芳，不得不变卖部分家产，以重礼将本应成为儿媳妇的王书英，以义女的身份嫁给了镇上的一位潘姓木匠。此次事件，使王家在白塔畈镇很失颜面，王姓族长王子敬多有不悦。被逼无奈的蒋敦芳，只得变卖房产和土地，于 1925 年离开白塔畈镇，返回到先祖居住过的六安市分路口镇武陟山脚下的莲花庵，并在此地开设一个小小的米行。故此，自六安分路口镇走出去的蒋氏后人，又回到祖居的武陟山下。

走近一片四周环水的小型圩子，宽敞的门前广场，一群圈养的黑鸭和鸡群，被围网围住，发出“咯咯”“呱呱”的叫声，一幢砖瓦平房的门口，站立着一位略显瘦弱的老人。老人对我们说，他叫蒋纯杰，坐在他身后的躺椅上的，脸上泛着病态红光的是他的兄弟蒋纯义。老人见我们来访，从身后的柜子中拿出一份公证书的复印件给我们看，他就是蒋光慈的孙子。我们仔细端详了那张被折了又折的复印件，那是一张一九五八年落款（章）六安县公证处（编号：第一册第175号）颁发的公证书，申请人是两位兄弟的父亲蒋成思。公证书上写道："关系人：上述申请人蒋成思，确系革命烈士蒋光慈的继子，特此证明。"蒋纯杰对我们说："家父是蒋光慈兄弟的儿子，也就是蒋光慈的嫡亲侄子，由于回迁分路口镇的蒋敦芳见蒋光慈无子，便将其侄儿过继给蒋光慈做儿子，以续香火，这在乡下是常有的事情。我们作为他的（继）孙子，绝无沽名钓誉的意思，这种关系，早在1958年就经六安县公证处的调查被确定了的。"老人领着我们来到砖瓦房的后院，在一片菜园里，老人指点着："这就是当年蒋敦芳返回分路口镇时候初建老宅子的地基，由于当时盖的是泥砖草顶的房子，终于不经风雨坍塌了，于是我们便在更前一些的位置，新盖了砖瓦房。"

我们围着这片圩子走了一圈，这是一片不小的圩子，圩沟有一丈余宽，足以保护圩内的居民不受一般流匪的侵扰。由此可见，蒋敦芳返回分路口镇的时候，还是略有资产的小富人家。让人感到心碎的是，也就是在蒋敦芳搬回祖籍6年后，随着蒋光慈的离世，蒋光慈的大哥蒋儒谦和二哥蒋儒让也相继离世，年已61岁的蒋敦芳含泪写下："怕临残境发忧白，每到伤心落泪红"的诗句，并将蒋光慈的两位兄长葬在分路口镇莲花庵附近。风烛残年的蒋敦芳老人，在1938年日军占领六安后，

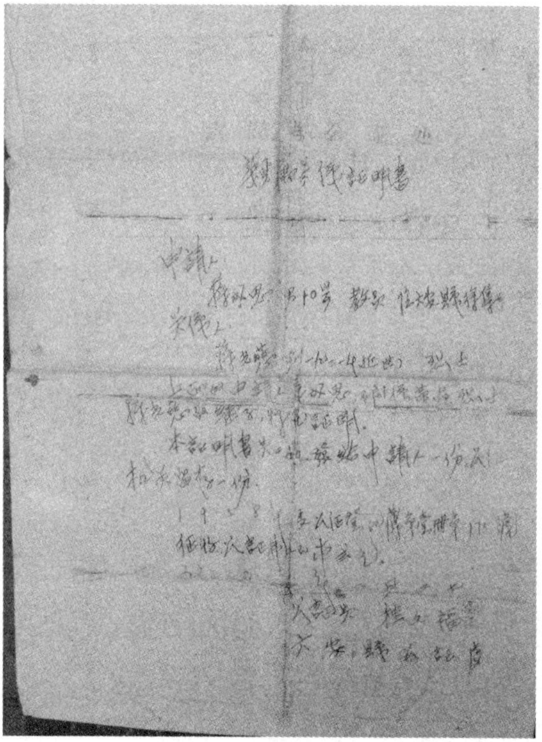

和蒋光慈亲属关系的证明信

跑反到曾经生活过的白塔畈镇躲避日祸，终老并葬于白塔畈镇。

争论可休

作为历史文化名人的蒋光慈，其祖籍、籍贯、出生地一直处于争论之中，目前主要的说法是："分路口镇说""白塔畈镇说"和"河南固始县说"。在这次对蒋光慈故居实地走访后，结合我们掌握的皋城《蒋氏宗谱》和部分史料的记载，我们基本可以明确以下思路：

（1）皋城《蒋氏宗谱》记载：该谱修订刊印于民国六年即1917年。谱序明确记载：蒋敦芳为本谱两名倡修者之一，其子蒋光慈为本谱四名“校阅”之一。此时的蒋敦芳定居于白塔畈镇，但认祖归宗于“武陟山下”的分路口镇。

（2）六安蒋氏的始祖以西周封地蒋国（位于河南省固始、商城、淮滨一带）为姓，六安蒋氏是在宋末为避金军之乱，迁居江西；后于明朝又迁六安的。六世祖“贯公”自江西迁至六安分路口“武陟山下”。自此，蒋光慈先祖定居于六安分路口镇。

（3）《蒋氏宗谱》中，对蒋光慈有着明确的记载（至其17岁）：“儒恒，号北峰。‘民国’五年由河南志成高等学校第二名毕业生，中学修业二年。生于光绪二十七年辛丑七月二十九日子时。”同时，宗谱对其父蒋敦芳、其长兄蒋儒谦（如谦）、二兄蒋儒让（如让）和其妹蒋儒香（如香）均有详细记载。

（4）根据蒋光慈直系先祖葬地的记载，我们可以知道：自蒋光慈八世祖“鸣贤公”葬于现金寨县大岗开始，蒋光慈的祖先已经开始向当时隶属霍邱县的白塔畈镇方向迁徙；蒋光慈祖父及伯父均葬于白塔畈镇，可见至其祖父起，蒋光慈的先人已经在白塔畈镇稳定居住。

（5）《蒋氏宗谱》明确记载：蒋光慈是河南省固始县“志成高等学校第二名毕业生”，毫无疑问地说：河南省固始县是蒋光慈少年求学的地方。这与许多资料的记载是一致的。

（6）由于少年蒋光慈反抗包办婚姻，其父蒋敦芳自白塔畈镇被迫回迁祖居地六安市分路口镇，这段曲折的插曲，也是有许多资料记载的。

故此，对蒋光慈的简历描述应该为：蒋光慈，祖居安徽省六安市分路口镇，出生于安徽省金寨县白塔畈镇（原属霍邱县），少年时期，在河南省固始县志成中学求学，后考入芜湖市安徽省立第五中学求学，自此走向红色作家之路……

辑二

武陟遗踪

一　悠悠淠水

分路口镇紧靠老淠河，见证了这条六安母亲河的沧桑巨变。

古沘水岸边的茶馆

淠水在六安城的西边绕了一个大弯，岸边是过去卖柴草的草市街。街的尽头，一爿老式茶馆吸引了我们。木质的门板、简单的陈设，透着历史的沧桑。

假如时光可以倒流一个世纪，古老的淠河岸边恰恰是城墙的西边，城区里茶馆酒肆一家挨着一家，大多是两层小木楼，也有一些支着布顶棚的小商小贩，而在地上随便铺一块垫子的大多是卖假药的。除此之外还有耍把式卖艺的、卖唱的，吆喝声此起彼伏，热闹非凡。

家住东大街的李三爷以前也算是个殷实之户了，不但在城外有十几亩的水田，在南边的东石笋还买了几亩茶园。每年的清明前，父亲都要他的管家将茶叶送到自己家的茶铺里。

昔日正对着云露桥的地方，一溜排开了几家店面，有间两层楼房就是李三爷家的，下面是茶叶铺，上面是茶馆。那时，周边有茶馆十几家，著名的有“四海升平楼”“鸿盛源”等。李三爷的茶叶铺主要经营本地产的“六安瓜片”，也有远道而来的“太平猴魁”“黄山毛峰”。楼上的茶馆不仅喝茶，也卖菜肴名点，叫得上名的有“大救驾”“蜈蚣鱼”“风羊火锅”“蜜汁包笋”“四季抓饼”“金橘米粉丝”“四喜豆腐”“将军盔”等，都是六安老少爷们喜欢的重油、重色、重火功的风味吃食。

那时的茶馆也十分有趣，说是茶馆，可没有一家的字号里带“馆”字，基本上都冠之以“园”或“楼”。茶馆的经营模式也和别地不一样，早期的茶楼比较简单，对环境的要求不高，几张桌子、几条凳子就行，一杯茶、一碟瓜子、几块点心，客人可以自带茶叶，收费低廉。

六安茶馆的收费方式也和别地不一样，是先吃后付钱。顾客喝茶，按每人每次收水费。所谓每次，是不论顾客喝多少壶水，都以进来喝茶到离开茶馆为一次。各种点心，每一瓷碟内配放五件，由跑堂端到顾客面前，最后以顾客吃掉的实际数量来收钱。

李三爷家的茶馆是那一片比较特殊的，就是以茶为主，既卖茶叶，也招待喝茶，一楼的柜台上一字排开几个白铁皮焊的大茶叶桶，前面放着一个小瓷碟，里面盛的是桶里的茶叶样品。许多老顾客在铺子里一次买上几两，就放在那里，来的时

候直接上二楼，伙计们把茶泡好送上去。

我很纳闷为什么淠河岸边集中了那么多的茶馆？李三爷说："水好！过去的淠河水清冽甘甜，掬一捧可以直接饮用。"

涌进了许多外地人

"淠"算是个生僻字了，要不是家乡的这条古老的河流，相信我和大多数人一样，可能真的不认识这个字。老六安人过去习惯称之为沛河，除了方言发音相同，可能还有好认的因素。只是后来才知道，这是两条风马牛不相及的河流。

淠水古称沘水，亦名白鹭河，一源在河南潢川县东，北流入固始合春河注入淮河；二源自霍山县南，流经六安至正阳关入淮。汇入淠河的各类山泉、大小瀑布、长短溪渠众多，郦道元《水经注》曰："以霍山所出为正源。"清朝《同治·六安州志》记载："出州西南二百四十里金家寨之南山下。"有的历史资料干脆称霍山的漫流河就是淠河的源头，众说不一。

当年，李宗仁就是在这里宣誓就任安徽省主席的。那是1938年1月13日，安徽省政府由安庆迁至六安。一个月后，李宗仁以第五战区长官的身份兼任安徽省政府主席，小小的六安城一下子涌进了许多外地人。

国民党的第五战区长官司令部里大都是广西人，他们喜欢吃早茶。于是喝茶已不是茶馆的主业，主要经营项目是上午早市的各种油炸早点、馄饨、面条，下午的各种荤素蒸包和应时饭菜，承办各种宴席。

民国安徽省政府的工作人员待在六安的日子并不久，闲暇时光，总是喜欢漫步在淠河岸边。那里原先是古六安州遗留下来的城墙，据说是宋代修建的，明朝洪武十三年（1380）改建为砖石材质，有一丈多高。城墙根下是被淠水冲刷的坚硬磐石，堤岸上修竹成林，花卉纷呈。有诗曰：“咫尺桃源近淠津，渔舟问渡越风尘。”

可惜短暂的宁静很快被日本人的铁蹄踏破，1938 年 8 月 28 日，六安沦陷，安徽省政府搬迁到大别山深处的立煌县。那道古老的城墙也被日军毁坏，今天我们看到的那段百米城墙是后来复建的。

淠水连接合、六两地

城市文化在某种意义上说就是河流文化，历史上的城市毫无例外地都把城址选择在河流的沿岸，或离河流不远。大别山区丰沛的水源孕育了江淮地区独特的地域文化，淠河的影响力甚至达到了周边的庐江、舒城等地。

合肥与六安的关系可谓剪不断理还乱。合肥首次置县时大致是在秦汉之交，当时属于九江郡，而之前的九江郡属英布的九江国，都城在今天的六安市城北乡张巷村白沙城。后来九江郡的治所迁到扬州，这是可以找到的合肥和六安比较早的渊源关系。

我们特意来到距离淠河东岸不远处的九江国都城遗址，那里尚存南北长 471 米、东西宽 229 米、厚约 2 至 5 米的土城墙，据说在那里出土了许多春秋至汉代的文物，少数还是新石器时代遗物，现今为省级重点文物保护单位。

讲到合肥和六安的关系，可以说是你中有我、我中有你。隋朝时，淠河岸边有个淠水县，当时和六安、霍山、舒县、开化五县同属庐江郡，而庐江郡的郡治就在合肥。1291 年，元始置六安州，至明朝时开始属于庐州府管辖，也就是说，淠水也是庐州府境内的河流之一。直到 1724 年，六安州才脱离庐州府成为直隶州。

在陆路交通不便的时代，正是淠河便捷的水路成就了沿岸的重要商埠，比如麻埠、苏家埠、正阳关这样的历史名镇。人们伫立在淠河入淮处，远眺水面，只见天连水，水连天，云蒸霞蔚，烟波浩渺。

上面讲述的是老淠河的故事，其实淠河有新老两条，还有一条是 1958 年后挖掘的淠河总干渠，那是淠史杭工程的一部分，合肥人使用的水就是通过这条河流进董铺水库和大房郢水库的，滋润着几百万庐州儿女。

淠水在此一分为二

说到合肥和六安的关系，安徽省历史文化研究中心主任翁飞博士总结为“山同脉，水同源，氏族同祖，经济同融，交通同线，资源同享，风俗同流，人文同气”。其中的水同源，只要来到横排头水利枢纽工程看一看就明白了。

横排头位于六安市以南 20 千米处，有诗赞曰：“青山环碧水，绿树映红楼；白鹭蓝空舞，画舫逐浪游。”

它的出名始于1958年8月19日，举世闻名的淠史杭工程在这里开挖第一锹土，修建了进水闸、冲沙闸、船闸和滚水坝，将古老的淠河一分为二。一支经过新淠河，即淠河总干渠，一路欢歌，流过六安、肥西，直至合肥人的“大水缸”董铺水库和大房郢水库；另一支在水量多余的情况下，翻过滚水坝，通过老淠河流向淮河。

20世纪90年代，我在安徽省淠史杭灌区管理总局政治处工作，听省水利厅原副厅长、总局局长高冀生介绍，当初淠河总干渠渠首是想放在老淠河下龙爪的，是曾希圣同志要求淠史杭工程必须全盘考虑皖西、皖中以及皖东的用水，这才决定“走高线”，以便达到引水到合肥和皖东的目的。

当年，老淠河水将这里冲刷成一片荒滩，几行鹭鸶不时地飞过水面，远处是大别山的余脉，风景倒是别致。

但初期的艰苦是难以言表的，民工们自带粮食和铺盖，从四里八乡汇集到沙滩上，用芦席和茅草搭起一座座工棚。开工没有几个月就进入秋季，夜晚的山风凉飕飕的，吹得工棚颤巍巍的。大家意识到水利工程是为自己谋幸福的，又恰好赶上大跃进，所以劳动热情十分高涨。

那时吸引农民上工地还有一个动力，就是1个月有12块钱补助。对于一年到头在土里刨食吃的庄稼人来说，全年有100多元钱可拿，也是个不小的诱惑，可以买几百斤大米呢，填饱肚子没有问题。

新淠河刚刚有了雏形，就赶上了1959年的伏旱。横排头的闸门首次打开，沿途的庄稼敞开了喝，第一次在大旱之年获得了大丰收。

第一锹土的开挖者

在新老淠河分流处有一个人造半岛，上面有三个大理石质地的墓碑，其中一个镌刻着“赵子厚”的名字。

赵子厚同志是山西省昔阳县人，1936 年，20 来岁的他就参加了中国共产党领导的革命组织——山西牺牲救国同盟会，抗日斗争中在华北战场上屡立战功，是一位名副其实的老八路。新中国成立以后，赵子厚同志调到六安专区工作。淠史杭工程上马后，赵子厚同志任总指挥，在横排头开挖了第一锹土。

据见过赵子厚同志的老水利回忆说，他的个子不高，胖胖的，看上去和蔼可亲。工作起来没白天没黑夜，不是在办公室研究工程事宜，就是在工地上和民工们同吃同住。开挖新淠河时，为了选择最佳路线，他和技术人员一起勘察、测量，脚下的“千层底”布鞋不知道磨破了多少双。

1991年6月，赵子厚同志因病去世。人们感念他对淠史杭的贡献，强烈要求将他安葬在淠河总干渠枢纽工程的源头横排头。

那也是一个夏天，淠史杭灌区管理总局时任局长杨永成、修志办主任金声等乘车来到横排头为老首长选择墓地。

那是一个风景如画的半岛，前方是他当年挖第一锹土的地方。能够枕着青山绿水，永远守护着生前倾注全部心血的淠史杭工程，应该是老首长的心愿。

活水源头的乡土味

说到水，我们不能不提到淠河上游的佛子岭水库。为了一睹芳姿，我们的足迹远涉佛子岭大坝。传说很久以前，这里就是一个充满了传奇色彩的山岭，当地老百姓告诉我们，昔日岭头有一座佛寺庙，原先叫佛寺岭，后讹传为佛子岭。它坐落在皖西大别山北麓，离省城合肥市180千米，隶属六安市霍山县。

当地的老百姓告诉我们，佛子岭广泛为外界所知，正是得益于1954年建成的佛子岭水库。

我们对库区的风土人情很感兴趣，在一户老乡的家里，真的看见了一台织布机。它的主人崔先生说，这还是家里老太太留下来的，已经有 90 多年的历史了。

所谓老太太在六安话里指的是曾祖辈的，因为位于山区，虽然城市里已经流行机织“洋布”，但这里家家户户还是浑身上下都是“老布”。典型的穿着是男性对开襟短褂、布质背心，下着肥腰宽脚裤，脚穿手工做的圆口布鞋，套布袜或线袜；妇女多穿右开襟袍褂，年长者可长至脚部，外套坎肩，头罩绉纱或丝织包头。少女衣着则讲究颜色鲜艳。

不过相距不远的霍山城里要开化得多，辛亥革命以后，追求新思潮的年轻女子开始有穿旗袍和百褶裙的。城镇男性着中山装、西服者渐多。橡胶靴、皮鞋、雨衣、纱袜亦渐流行。

可能因为距离城市相对较远，我们在大山深处有幸看到一家旧式的室内陈设，那是一家读过私塾的老先生，儿女都已经在外地工作，他却坚守在故土的一隅。堂屋上方置一长形条桌，上悬“天地君亲师位”红纸中堂，左右配以楹联，前置香炉烛台。

老先生姓李，和我是本家。他说这样的陈设在他家 80 年未变，从他父亲那一辈就是如此。

二　裴家滩与古城寺

“在我的印象里，我小时候的裴家滩跟现在是大不一样的。现在不仅人多了，树也多了。那时候只是一个沙滩，什么都没有。那时候的裴家滩是水来成湖，水去成滩，这在现在的裴家滩人看来可能只是个传说，只是因为他们没有见到过这样的景

裴家滩遗址

象。”这是一位裴家滩的已退休老师跟我们说的，这位老师叫严长宗。这位生于此、长于此的小学教师，亲眼见证了裴家滩过去 80 多年的历史变迁，与我们谈起裴家滩，他也是感慨颇多。

古城寺与它的老善坊

现在若是有心人前去探访，会看见古城寺遗址前立有一座新石碑，石碑上这样记载：

古城寺遗址位于裕安区分路口镇古城寺村境内，为东西长约 110 米、南北宽约 100 米、高约 1～5 米的不规则长方形台地，清同治八年（1869）《六安州志》记载为裴家滩古城。古城址东西北三方有河环绕，部分夯筑城墙尚存，文化层深厚，文物标本丰富，属汉唐时期的古遗址。

古城寺是市级文物保护单位

“现在的古城寺比以前还算好些了，你们看前面的大殿是刚修建的，以前的老大殿在“文革”时期已经被破坏得不成样子了，不过后面的旧殿是一直保存下来的。”在谈到古城寺历史的时候，古城寺现在唯一的师傅释果满这样跟我们说：“其实我来到这间寺庙的时间也是在改革开放以后了，之前的‘文化大革命’期间是不允许烧香拜佛的，所以对古城寺之前的历史也知道得不多。但有一位老师，已经80多岁了，他知道得多。说起这位老师，与我们古城寺还有许多渊源。”释果满师傅口中的这位80多岁高龄的老师不是别人，正是严长宗老人。

于是，在释果满师傅的带领下，我们一行人马不停蹄赶往严长宗老人家中。在明确了我们的来意之后，老人很热情地将我们让进屋内，一段对往事的回忆徐徐展开。

古城寺里的庙宇已经有年头了

那时候的古城寺比现在的规模大不少，香火也比较旺，一来是跟那个时候的人的思想有关系，另外一个则是与古城寺的一位德高望重的师傅——施善仿（老善仿）有关。

就算这么多年过去了，在这地方一提起老善仿，也还是有很多人知道的。不过传说他能飞檐走壁却是有点夸张了，但确实是个练武之人。老善仿的一生极富传奇色彩。他以前确实是国民党的一名军官，终日厮杀于战场，手上沾染了太多的杀戮。后来顿悟，辞去官职，皈依佛门。老善仿虽然个头不高，但却留着长长的雪白胡须，给人一种老神仙的感觉。还有一点，老善仿不仅会武术，还会医术。那个时候，乡里乡亲要是有谁生病了，都去找他看。

迟来30年的道谢

“之后就是他的老师傅施道慧了。”说话间，严长宗老人用眼神示意了一下释果满师傅。“可以说，道慧师傅是古城寺中遭受灾难最多的一位师傅，因为他正好经历了‘文化大革命’。”

当时正是破“四旧”的时候，古城寺自然也在其列。“我当时看着这些真是有些不忍心，毕竟道慧师傅是个好人啊。平时他要是看到有人猎捕青蛙、飞鸟之类的，他都会上前劝阻，现在却遭此大难。实在看不下去了，我就上前劝阻，因为当时参与批斗的好多人都是我的学生。”最后古城寺还是被毁得不成样子，好在后来做了合作医疗卫生所，得以保存了部分建筑跟塑像，不然就彻底被毁掉了。

说到这，释果满师傅突然开口，很郑重地说："不管怎么样，我们古城寺从心底里很感谢严长宗老师。我还记得刚到古城寺的时候，跟在师傅（施道慧）后面学习，便听师傅说有人经常夜里来我们寺院外植树，那个人就是您吧。"听到此，在场的人都为之动容。在我们再三请求下，严老说出了事情的原委："因为我是共产党员，'文化大革命'刚结束那会，政策不允许我们与和尚走近。但我看着他们师徒俩如此，实在不忍。讲白了，他们和尚也是人，也要生活过日子。可他们那时候没有钱，连柴火都没的烧，就想着能为他们做点什么，所以就夜里偷偷来种点树，尽点微薄之力吧。还有为什么是种树，不是为他们做点别的，这也是因为70年代那会火柴厂把我们这里

严长宗老师在接受采访

的树都砍光了，所以就想到种树了，也算是保护环境了吧。”

令人遐想的封土堆

在我们去往严长宗老人家的途中，无意间发现了一个很大的封土堆，看起来不像是自然形成的，上面还有很多红色的丝带随风飘扬，引起了我们的好奇，于是我们心中暗暗记下，希望等见到严长宗老人时会有答案。果然，老人没有让我们失望，给了我们答案。“其实这个大土墩并不是单个的，在裴家滩有两个这样的土墩，东西相距 2 里路，外形上是一模一样的。”但可惜的是，老人也没能给出一个明确的答案，而是给出了几个猜测：其一，传说是二郎神用扁担挑来的，东边一个，西边又一个，但这毕竟只是传说，不足信的。其二，也有人说这是大的陵墓，可是以前有人掏过里面，什么也没掏出来，全是土。可能挖得不够深，也可能就只是土墩。其三，以前裴家滩是水来成湖，水去成滩。当时的人为了应对这种不确定的环境因素，用土堆积成了高地，在上面建房，防止被淹。这都只是猜测，只有经过专业的勘测才能给出定论。不过第三种猜测应该最有可能的。

不得不说，老人虽然年事已高，但身板还很硬朗，说起话来，思维跟表达都很清楚。采访结束之时，正是吃午饭的时间，老人极力留下我们吃完饭再走，可是一想到我们这么多人，会给老人添许多麻烦，就婉言拒绝了。

三 翁氏雨金堂

在六安分路口镇的晏公村，有一座青砖黛瓦的宗祠掩藏在茂密的绿林间。这里是附近翁氏宗族的祠堂，是传承数百年的雨金堂，翁氏一族自宋代翁豳迁居六安后始建雨金堂，在这片土地上生活了七百余年。沧海桑田数百年，留下了无数的故事和辉煌的历史供后人传颂。

翁同龢

雨金堂前兄弟树

汉时，翁仲儒家贫力学，居渭川。一旦，天雨金十斛于其家，于是与王侯争富。今秦中有雨金翁，世世富。（出《神异经》）这是雨金堂堂名的由来之一。

而民间的传说则更为风趣生动，说的是：翁仲儒以卖油为生，因善经营家境渐丰，时逢大旱，淠水断流，饿殍遍野，民不聊生。仲儒目睹此景，十分同情，于是散尽财物，赈济灾民，活人无数，四邻乡亲均受恩惠，感动上苍，遂天降甘霖滋润庄稼，唯独降落到翁家宅院的雨水，全部化作金豆，扫集起来，足足有十斛之多。于是有了雨金堂，也由此，翁家世代积德行善，相沿成为族规。

在一片茂密的树林中，一座古色古香的徽派建筑隐约可见，这就是刚刚复建的雨金堂宗祠。雨金堂始建于宋代1271年，传承数百年，可惜在1969年“文革”期间被毁。现在翁氏族人又重新修建了雨金堂宗祠，希望能够将祖先的荣光继续传承下去，同时也让后人知道先祖的由来，让他们能够在历史中寻找到自己的根。

雨金堂前有一棵杨树。一般的杨树都是一根树干顶到天的，可是不知什么缘故，在这一棵树的树根上长出了四支主干，而且每一支主干都长成了参天大树，郁郁葱葱，冠盖延伸到祠堂上，仿佛在为先祖遮风挡雨。当地翁氏族人把这棵树叫兄弟树，传说这是象征着当年始建祠堂的翁氏兄弟的。翁氏迁居六安始祖翁豳的第五代孙：翁德芳带领德芬、德华、德志，四兄弟齐心协力始修家谱，并建造了宗祠，从此以后六安翁氏才有了传承有序的家谱和祭祀祖先的祠堂。而当年始修家谱的谱序是由文天祥撰写的。宋元之际，由于翁氏先人不愿屈从元朝统治者的残暴统治，辗转流离来此避居，文天祥对其气节极为赞赏，故为之撰序。

《六安雨金堂史料汇编》

翁姓在中国并不是一个常见的姓氏，但也是中国较为古老的姓氏之一。翁氏之始出自姬姓，《姓纂》一书指出："周昭王庶子食采于翁山，因以为氏"；《姓氏考略》也指出："周昭王庶子食采于翁山，因以为氏，望出钱塘。"由此可见，翁氏大致始于公元前1052至1002年之间的西周昭王之时。周昭王是周武王的曾孙，翁氏的始祖则是周昭王的儿子。当今的翁氏后裔，就像雨金堂前的兄弟树一样，开枝散叶，发展壮大，分布世界。

翁氏族人说，雨金堂前的兄弟树就象征着整个翁氏家族的发展，不断茁壮成长，不断开枝散叶，栉风沐雨，迎难而上，翁氏一族将会像这棵树一样越长越高，直达天际。

翁同龢功过得失

翁氏一族出过很多名人，尤其是常熟的翁氏家族，更是名满天下，为世人所羡。继其父翁心存官至体仁阁大学士之后，翁同龢崛起，咸丰六年（1856）殿试一甲第一名，考中状元。官至协办大学士，历任户部、工部尚书、军机大臣兼总理各国事务衙门大臣。先后担任同治、光绪两代帝师。从此翁氏家族进入鼎盛时期，称“一门四进士、一门三巡抚；父子大学士、父子尚书、父子帝师”。

翁同龢属于常熟翁氏一族，而常熟的翁氏是从六安的雨金堂这一支迁出的。所以说雨金堂与翁同龢的先祖应该属于同一支翁氏。在雨金堂的族谱上明确记载：“远安公德华公孙叔周公三子由六安迁居常熟县城。”

翁同龢在任刑部右侍郎期间，为当时轰动全国、百余年来家喻户晓的杨乃武与小白菜冤案平反昭雪。杨乃武与小白菜一案是晚清四大冤假错案之首。翁同龢细阅全部案卷，发现供词与诉状的疑点和漏洞甚多，在询阅了杨乃武姐姐的呈词和浙江绅士的联名控诉，走访了浙江籍的京官，听取了刑部经办人员的各种意见之后，经过认真研究，讯问犯人，调查证人，重新检验尸骨，终于查清葛品连系病死而非中毒死亡。至此，杨乃武与小白菜冤案得以平反。此案可谓晚清中国狱讼、法制体系自我完善的典型。而翁同龢忠于职守、为平民平冤的职业精神，也可谓一代帝师应有的风范。

除了平反杨乃武与小白菜的冤假错案，他还支持盛宣怀等创办中国第一家自办银行（中国通商银行）；再就是举荐康有为、梁启超等维新人才，亲自草拟《明定国是诏》，被誉为“中国维新第一导师”。

“宰相合肥天下瘦，司农常熟世间荒。”这是有人讽刺李鸿

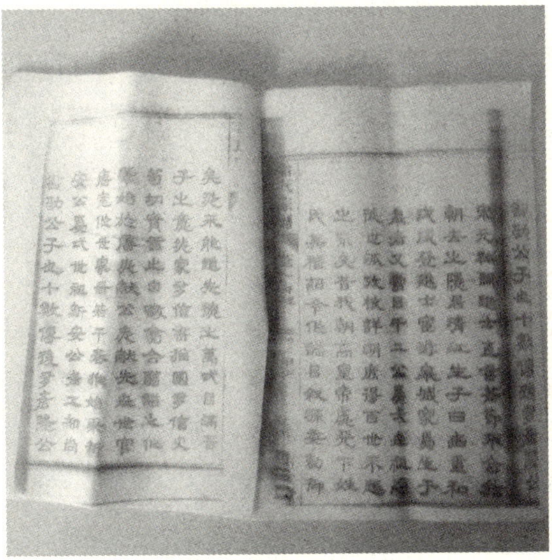

《翁氏宗谱》

章和翁同龢的话，合肥是代指李鸿章，常熟则代指翁同龢。翁同龢作为光绪帝师，是“帝党”领袖，在甲午战争中坚决主战，被指以书生论兵、空言误事，负有不可推卸的责任。有学者认为他是因为与“后党”领袖李鸿章的宿仇，才处处刁难北洋水师，说到底就是为了整李鸿章，属于派系倾轧，留下了很恶劣的后果。其实晚清社会从总体上已病入膏肓，帝后党争只是其中一方面。甲午战败，马关签约，在国家蒙受奇耻大辱之后，翁同龢能痛定思痛，支持维新变法，还是做了一些实事。

1904 年翁同龢在家中去世，留下功过是非任由后人评说。

复兴中的雨金堂

传承 700 余年的雨金堂在动乱中被毁，不仅仅是雨金堂族人的损失，也是整个翁氏宗族的损失。世界华人联合会副主席、世界翁氏宗亲总会主席翁宗周先生得知安徽六安有始建于宋朝距今 740 多年历史的翁氏宗祠，倍感高兴，于 2013 年专程来到六安祠堂遗址查看。

通过与雨金堂族民沟通协商，他希望能够重建雨金堂翁氏宗祠，将雨金堂这一支的翁氏宗族文化能更好地传承下去。恢复重建的雨金堂展现了翁氏一族传承下来的文化风貌，同时让族人更有凝聚力，团结一心，共襄盛举，让翁氏的故事一代代流传下去，让雨金堂的堂号一直被每一代翁氏子孙铭记。

重建的雨金堂宗祠共有三进。按照规划，第一进是翁氏大祠堂，供奉六安地区及周边的翁氏先人。第二进是翁同龢祖祠，从常熟翁氏搜集相关资料，然后在这里供奉翁同龢的祖祠。最后一进就是雨金堂的堂号。新建的雨金堂没有能够承袭过去的荣光，但是它将开创属于自己的荣耀，每一个翁氏族人都相信，有了这个凝聚点，会让族人更加同心协力，能让所有人把雨金堂的名字刻在心上，融入血脉，以做一个雨金堂的翁家人而自豪。

新的宗祠将成为新的起点，700余年里，迁六始祖翁豳的后裔散落中华大地，随着雨金堂的重建，在这里都将能重新找到自己的先祖遗踪。共同的祖先就是他们共同的根，无论身在何方，这样一个深深融入血脉的姓氏将翁氏后裔凝聚起来，共同尊崇一个始祖，共同生活在一个堂号之下，共同出力创建雨金堂的辉煌明天。

四　有座山叫武陟

六安城西有座山，名武陟。武陟山属于大别山余脉，附近另有四座山峰，由于发音误读且五峰连绵，常常被六安人叫作五指山。六安靠近大别山区，但是六安市区附近却只有这几座小山，作为最高的山峰，“武陟积雪”也是六安古八景之一。

著名的武陟山庄

武陟山上有传说

武陟山在汉代名为盛唐山。公元前121年，淮南王刘安、衡山王刘赐谋反案发，二王自杀，汉武帝取衡山内六县、安风、安丰等县首字，改衡山国为六安国，封刘庆为六安王，取“六地平安，永不反叛”之意。“六安”由此得名，历代沿用。《古今图书集成·庐州府山川考三》中“六安州”载：“武陟山，在州西三十里，汉武帝南巡登封霍岳驻跸于此，陟以眺望故名。”武陟山的“武”即指汉武帝刘彻，“陟”是登高而上的意思。汉武帝在这里登高望远，观大别山之气象，盼六地之永安。

汉武帝登高留名之后，武陟山历经千年沧桑，留下了一段段传说与佳话。宋代之时，武陟山上曾设有“武陟书院”。相传文武状元焦氏兄弟曾就读于此。旧有“焦状元读书台”等遗址。焦状元名焕，其弟名炳。焦焕是宋建炎二年（1128）戊申科特奏进士第一，弟弟焦炳传为建炎乙亥科武状元。关于焦焕中状元还有一段不得不说的故事。传说当年焦焕带着书童一起进京赶考，途中夜宿一家客栈，第二天启程时，书童不小心错拿了别人的包袱。不知走了多少路程，主仆二人才发现此事，并在包袱中发现了许多银两。虽然赶考要紧，可是焦焕还是命书童把包袱赶快送回去，书童一来一回耽误了很多时间，等二人赶到京城的时候早已过了开考的日期。也许是上天怜悯其善行，正好那年考场失火，延误了考期，焦焕才得以及时赶上，并顺利考上了状元，以至于有“不因南宫火，哪得状元焦”的说法。

在武陟山上原本有一座金山寺，香火鼎盛，香客络绎不绝。可惜后来在清末动乱中被毁，一直到几十年前才又重建。传说当地百姓几十年前在山上见到一个白头老者端坐在山峰之上，转头又突然不见了，所以传言有神灵在此。后来九华山一位高僧云游到此，在武陟山旁边的金山上兴建了现在的金山禅寺。

武陟山中有残雪

同治十一年（1873），《六安州志》编录了六安八景图，现翻刻在老淠河岸边的文化墙上。六安八景分别为“钟楼远眺”“桃坞晴霞”“齐云拥雾”“赤壁渔歌”“九公耸秀”“龙穴返照”“嵩寮泻乳”“武陟积雪”。“武陟积雪”在民间又叫作“武陟残雪”，民间有诗传颂“六州雪已尽，武陟有残雪”，说的是整个六安的雪都已经化尽了，在武陟的山顶上还有积雪残留供人赏玩。

苍山原不老，为雪而白头。武陟山因海拔较高，约600多米，故此积雪难消，成为一道独特的风景。“五指山”五峰连绵，郁郁葱葱，武陟最高而独领风骚，从西南到东北绵延起伏的五山如巨龙般俯卧延伸好几千米，武陟山居龙之首。

武陟山宋代就建有武陟书院，学生们每天在这青山绿水间，伴清风而颂诗歌，好不畅快。据当地人介绍，这里五山之

农业生态园

间旧有武陟山村，由于位于群山之中，往来不畅，故少与外界接触，乡民淳朴。由于武陟山偏离六安城区，故而古时少有人远来登山，能在这里赏玩武陟残雪的都是些对美景不胜向往的文人骚客，就如当年的汉武帝一样，为山色风光所倾倒，登山而赏美景。州志有诗曰：漫言警跸汉皇踪，且喜寒凝少女峰。田父煨炉烧榾松，瓦盆倾倒祝三农。想来在那冬雪未消的时候，遥望苍山负雪，品一口农家美食，喝一壶温热水酒，留下一段回忆故事，那是怎样的一种风情啊！

六州雪已尽，可是心中对雪的思念却断不了，去那武陟山上寻访残雪，在雪未尽的时候，采些梅花枝头的残雪，藏在坛里，埋在地里，等来年五谷丰登的时候取出来酿一坛酒，在新雪初降的时候，品残雪美酒，看那漫天初雪飞舞，各种滋味尽在杯中，能饮一杯无？

武陟山下的相遇

长长的淠河是六安的母亲河，滋润了一方水土一方人，而武陟蜿蜒的山脉便是六安人的风骨，撑起了六安人心中的那片天地。山中草木翠，水边柳丝垂，山山水水相依偎，这山这水孕育了六安的人杰地灵，给予了山的豪情与水的温柔。无论六安人走到哪里，这山与水总是长相伴随，故乡的土与故乡的水是每个人心中永远的牵挂。

据当地人介绍，以前的武陟山这几座山里常有野狼出没，还有狐狸、野兔、松鼠、野鸡等动物，漫山长满了长毛松，山上的松菇、野果、蕨菜都成了山下人活命的粮饷。松树的枝条、长松毛、松果是山下人烧不完的燃料。松树间蔓草丛生，一种是宽叶长茅草，采下来可编成蓑衣，山下人可用来挡风避雨。另一种是荒草，圆干细长韧性好，砍回家晒干可以盖房顶，经得起风吹日晒，挡风蔽日。武陟山为她的孩子带来了丰衣足食的生活，养活了一代又一代的人，默默付出了她的一切，她是六安人的脊背，是他们的精神依靠。

人生路难免崎岖，可是也崎岖不过武陟山的林间小道，人生多有欢笑，难免也有泪水，可是在武陟山上登高远眺，还有什么不能放下。无论来自哪里，有欢乐还是苦痛的故事，既是同舟，在武陟山下相遇，且共济。同舟之人，放下心中彼此的矛盾，为了共同的理想而去追逐，无畏更无惧，无论身处天涯海角，我们都在武陟山下曾经相遇过，曾经走过那些崎岖的小路，曾经为了梦想留下了汗水，我们登上绝顶，赏那一抹残雪之美。苦尽必有甘来，我们乘风破浪，携手踏平崎岖，只为了让人生的欢笑多于唏嘘。

武陟山下的相遇，是今生今世的约定，走过崎岖，走过幸福，把人生这杯茶喝百遍，淡成了一杯白水，相约来年看雪。

辑三

媒体聚焦

一 皖西名镇分路口

分路口镇位于安徽省六安市西郊，距市区 16 千米，素有“裕安西大门”之称，交通便捷，区位优越，东接六安、合肥，西承霍邱、信阳，312 国道、阜六高速、六响公路贯穿全境，构成十字形公路网线，宁西铁路和在建中的阜六铁路交会形成皖西密集的铁路枢纽中心，是安徽省新农村建设示范镇。2009 年荣获“市重点镇建设先进镇”“市经济发展综合实力 20 强乡镇”，市平安乡镇、市创建“文明乡镇”先进单位。2010 年度荣获市经济发展综合实力 20 强乡镇、市重点镇考评先进乡镇、市“五个好”乡镇党委等多项荣誉称号。

1. 分路口镇名称来源于其独特的地理位置，是武陟山、独山、南岳庙三地交汇的岔道口，是南岳庙等地人民到六安，江家店人民到苏家埠、韩摆渡，徐集、丁集、固镇等地人民到独山的必经之路，再从此地去往四面八方。

这里文化底蕴厚重，自然、人文景观丰富，境内有黄大墩、思古潭、西古城等西周遗址，古城寺汉代城墙遗址和历史悠久的晏公庙。分路口古因武陟山而出名。“武陟山，在州西三十里，汉武帝南巡登封霍岳驻跸于此”，“武陟积雪”为六安古八景之一，极负盛名。山顶有宝教寺，元泰定五年（1328）建，明正德六年僧道善重修。山前旧有一台名“弩台”，台上有寺名“弩台寺”，传为汉武帝试弩于台下。

这里名人辈出，宋代武陟山上建有“武陟书院”，相传焦氏兄弟读书于此，旧有“焦状元读书台”遗迹。焦状元名焕，宋建炎二年（1128）戊申科特奏进士第一。其弟焦炳传为建炎己亥科武状元。

这里还是红色热土、将军故里。自1928年1月成立中共六安县委员会以来，1929年10月又成立了中共六安中心县委，在党的领导下，此地相继组织了“武陟山农民起义”“独山农民起义”等武装斗争，特别是“六霍起义”的胜利，组建了中国工农红军第三十三师，从而形成了皖西苏区。

刘邓大军挺进大别山时，分路口人民在长期的革命斗争中，艰苦卓绝，前仆后继，先后有许多仁人志士为革命捐躯，如毛正新等。红军失散人员统计中，分路口镇就达300多人。同时，更有一大批在革命历程中身经百战的英雄将士，新中国成立后在社会主义革命和建设中又作出了巨大贡献，如在1955年被授予少将及以上军衔的34人中，就有我镇梁从学、杨植亭等人。

2. 传统农业乡镇。这里的农业经济快速提升，农业结构进一步优化，农业产业化全面推进，农民收入大幅增加。

首先是调整种植业结构。狠抓粮食生产，加强优质粮油产业化建设。以长健、金龙两家市级龙头企业组建的鑫丰现代农业专业合作社为抓手，巩固江堰、傅氏祠15000亩优质粮基地，今年又投入1380万元，建立横店片3000多亩优质粮油生产专业化示范小区。加大农业科技推广力度，先后建设水稻、小麦、油菜千亩示范片，全年完成水稻种植面积45751亩，小麦29000亩，实现粮食生产总量33493.4吨。

其次是大力发展养殖业。突出以点带面，大户带动，做大做强畜牧产业。省级龙头企业九鼎公司今年又投资2250万元，新建40栋猪舍，年生产生猪增加到1.5万头。2011年我镇新发展规模养殖户37户，其中年出栏1000头以上生猪养殖户增至13户，500头以上16户，100头以上31户。生猪出栏量达1.9万头，确保了农民增产增收。

第三是扎实打造苗木绿化基地。2011年完成新造林400多亩，以占地370亩的绿洲环境绿化中心为龙头，新发展了江堰、杨集、新河等500多亩的苗木绿化基地。打造了集生态观光、休闲娱乐、苗木培育、珍稀树木移植、城市绿化等为一体的现代农业观光生态园。

第四是稳步发展特色农业。加强生态农业建设，在古城村建立300亩大棚蔬菜基地；以兄弟特种水产养殖专业合作社为龙头，利用汲东干渠闲置水面开展拦网养殖河蟹，总面积近3000亩，年产蟹44.1吨，年产值近170万元；邦余蚕业合作社，总投入50多万元，建立桑园300亩，套种杭白菊100亩。

3. 城镇建设突飞猛进。坚持完善功能，凸显品位，投资10万余元，完成集镇总体规划修编工作，集镇建成区面积达3.6平方千米，镇区常住人口1.3万人。加大集镇开发力度，2011年完成建筑面积34800平方米，其中裕龙星城完成建筑面积26000平方米；香樟苑完成建筑面积约8200平方米；淠滨花园完成600平方米。占地100亩的新世纪广场于2011年11月份成功摘牌，现正进行规划和拆迁工作；新世纪学校完成建筑面积25000平方米，一二期全部完工，校舍已投入使用；占地20亩的政务新区正进行招投标程序。

加强集镇管理，2011年共查处违章建筑12户，拆除违法建筑面积达1000平方米。完善基础设施建设，修建了裕丰路、裕安大道1.2千米的柏油路。完成投资120万元的革命老区转移支付项目街道至江堰2千米水泥路和殷家畈石梁桥建设。莲花庵至古城村1.2千米的水泥路即将竣工。江堰村筹资120万元建设的3.5千米长水泥路正在施工中。枣树至莲花庵1.5千米的水泥路即将开工建设。

新农村建设卓有成效。省级新农村建设示范村江堰村顺利通过省级环保专项资金环境综合治理项目验收，该环保项目采用“高负荷地下渗滤污水处理复合技术”，每天可处理污水50吨，完成了生活污水处理、垃圾收集及亮化工程，村容村貌大为改观；大力实施危房改造计划，今年共完成危房改造122户；积极响应区委区政府爱国卫生创建活动，全镇农村脏乱差状况得到有力整治，镇村面貌焕然一新；扎实推进莲花庵村新农村建设，首期12栋安置房建设已基本完工，配套设施正在施工，小区主干道已全部建成。2011年投资1380万元，建立横店片3000多亩优质粮油生产专业化示范小区。

4. 山川秀丽的分路口镇，物种极其丰富。镇内冈、湾、畈三种地形皆有，北部与西部冈畈区是优质粮油基地，盛产优质水稻、油菜，东部的湾区出产优质小麦、玉米、大麻等，冈区的三元猪、皖西白鹅、棚养土鸡、蛋鸡等已初具规模，远近闻名。流经全镇东部、南部的老淠河带来了丰富的黄沙和铁砂资源，增加了当地群众的收入，促进了地方经济的发展。

镇领导班子始终把发展作为第一要务，2011年实现生产总值16.67亿元，同比增长96.1%；固定资产投资完成5.33亿元，与去年基本持平；完成规模工业总产值144424.1万元，同比增长102.8%；完成农业总产值2.27亿元，同比增长53.4%；粮食总产33493.4吨，同比增长20.9%；招商引资到位资金1.97亿元，同比增长113.2%；农民人均纯收入6888元，同比增长28.4%；实现财政收入4651.7万元，完成年度预算2250万元，同比增长198%；人口自然增长率控制在6‰以内。

在从传统农业向现代化小集镇转化过程中，工业经济快速增长。他们紧紧围绕“工业富镇”的工作思路，充分发挥区位优势，依托工业集中区这一载体，深入实施工业化核心战略，工业经济保持良好发展态势。全镇规模以上工业企业从零起步，发展到15家，创亿元以上产值规模企业3家。2011年完成规模工业总产值 144424.1 万元，工业增加值实现 39552 万元，实现利税 8140 万元。累计完成工业固定资产投入 4.11 亿元，规模工业效益明显，工业经济总量大幅提升。

民营经济蓬勃发展。2011 年镇里新增民营企业 32 家，新增个体工商户 192 户，同比增长 74.5%；个体私营经济从业人员增加 612 人，同比增长 10.6%。

招商引资成果丰硕。他们大力实施招商引资开放战略，把招商引资作为经济发展的重中之重，明确招商目标，细化招商任务，创新招商方式，坚持“一个项目、一位领导、一套班子、一包到底、一路绿灯”的工作机制，促进了招商引资蓬勃发展。目前入驻工业集中区项目达 23 个，近期又先后引进贵人树木业、乾元涂料、佳益椅业、九鼎食品加工项目等 4 个招商项目。截至 2012 年 5 月份，共完成招商引资任务 6800 万元，固定资产投资 1.1 亿元，规模工业产值 3.29 亿元。

园区建设稳步实施。在工业集中区前期建设的基础上，镇党委政府经充分论证，开辟天柱建材板块、振兴大道板块和海螺水泥板块三大板块建设。镇财政投入 1300 万元，完善工业集中区基础设施建设。我镇累计征地 780 亩，共修建园区主干道 1100 米，面积 26400 平方米，园区支干道 450 米，面积 5400 平方米，新建改建高低压输电线路 3880 米，新建自来水管道 4660 米，迁移广播通讯杆线 1770 米，美化绿化工业集中区道路 2200 米。

第三产业逐步壮大。强化“三产活镇”观念，充分发挥裕

四

民生保障措施得力，今年该镇危房改造任务共134户，现已完成微机录入、材料归档工作，100套保障性住房已安置41户；总投资384.88万元实施一事一议项目10个　　；规范政策性农业保险工作，投保面积17722亩，农民自缴保费171456.7元；计划生育奖扶等补助补偿资金按时发放，兑现各类奖励优惠资金共计140万元；投资150万元的镇中心幼儿园已完成规划设计工作；病险水库加固等跨年度工程完成序时进度，就业技能和新型农民培训任务完成过半。

社会保障不断健全，社会保险参保、城乡居民养老保险覆盖面持续扩大，全镇五保老人527人，五保资金全部打卡发放，五保基础档案资料逐步完善，农村低保795户，实现应保尽保，两所敬老院运行平稳有序；大病救助18人，救助资金41000元，审核通过国元农房保险11005户；2014年新农合参保人数达47062人，参合率达99%，报销补偿83.3万元，　　28671人参加城乡居民养老保险，参保费达285.4万元。

浩宇生态农业基地

亿元规模企业六安海螺水泥有限责任公司

运输繁忙的分路口铁路

裴家滩古城寺

中心村篮球赛

青山绿水相映成趣的武陟山

中心村一角

建设中的翁氏祠堂

区领导调研美好乡村建设

祥农贸大市场、裕龙星城大市场和莲花庵农贸市场的作用，积极发展集餐饮、物流、休闲于一体的商业模式，推动第三产业逐步壮大，为财政增收培育良好税源，第三产业已逐渐成为我镇新的经济增长点。

《皖风》2014 年第 3 期

二　分路口的武陟山

小桥、流水、人家，古色、古香、古镇。

曾经，一个飘舞着斜斜秋雨的午后，我穿过都市的繁华，走过一座桥、一栋屋、一条街，来到一个镇。行走在青石板上，桥柱上的石狮，模糊的铭文映入眼帘，水中的舟楫吱吱呀呀迎面摇来，那流水边的民居，它屋角上的飞檐和窗棂上的镂花无不在诉说着古镇的平仄押韵、水墨浓淡。徜徉在这座江南古镇的悠长小巷，那空气中迷漫着厚重的沧桑气息，让人恍如时光交错，千年的岁月从身边如风逝过。忽一回头，那街拐角安坐着的老人，浑浊的眼睛里刻着铭心的记忆，穿越这缭绕的烟尘，沉淀在古镇的声声木鱼中……

安徽古镇多，不但有宏村、西递闻名于世，还有高炉、水东、三河等几十座千年古镇。它们各具风情，各有其韵，这只有每一个到古镇的游者，心中才能掂出它的分量。其实，古镇的历史就是一个美的轨迹。每走过一条街巷，便对这种美增加一份热爱；每进一栋古宅，便对这种美增添一份记忆；每过一

皖风亭

忆田流「序」家常

故乡的火把节

分路口的武陟山

皖人与老济南的情缘涟漪

座桥，便对这种美增强一份感怀。古镇并没有因为残垣断壁而掩迹，相反在新世纪的阳光下，它又重新焕发生机，其实就是对生活本身的一种热切追求。

与徽州的众多名镇相比，分路口也许没有那么古朴，但是"皖西名镇"的名号也不是虚得的。分路口镇就因武陟山而成名。

武陟山位于六安城西 15 千米处，淠河北岸，分路口镇版图的中央，海拔约 600 多米。旧"六安八景"之一的"武陟积雪"极负盛名，有清代邱时成诗为证："林峦不似旧，西望玉堆成。雁影净疑没，山腰瘦忽平"。由此可见武陟山的秀美清雅。

武陟山出名，是因为它是汉武帝南巡入皖首次登临驻跸的地方，山前旧有一台名"弩台"，传汉武帝曾试弩于台下。宋代山上首建"武陟书院"，宋建炎年间文武两位状元焦氏曾读书于此，旧有"焦状元读书台"等遗迹。焦状元名焕，宋建炎二年戊申科特奏进士第一。其弟焦炳传为武状元。传说焦焕携书童赴京赶考，途中夜宿一家客栈，第二天起程时，书童错将别人的包袱拎走。不知走了多长路程，主仆二人才发现此事，并于包袱中发现许多银两，焦状元当即命书童返送回去。书童往返耽误了很长时间，等二人赶到京城时，早已过了开考日期。好在那年考场失火，延误了考期，焦状元才得以顺利考中状元。

同时武陟山也是红色热土，它是著名革命诗人蒋光慈的祖居所在地。而早在1925年秋，中共在六安就建立了六安特支。后来，国民党迅速在六安“清党”，白色恐怖严重地笼罩着整个地区。1927年11月间，中共安徽省临委委员兼皖中特别指导委员会书记周范文来六安，传达中共“八七”会议精神，领导六安、霍山、霍邱、寿县、英山暴动，决定以六安为中心，尽可能夺取六安三区反动势力的武器，组织秘密工农武装，“发动零星暴动以致大暴动”。武陟山农民暴动就是在这样的背景下发生的，它镇压了恶霸地主，建立了游击队，使皖西形势开始向有利于革命的方向迅速发展。

从这片土地上成长起来的儿女建下了无数功勋，其中，开国中将梁从学、少将杨植亭就是杰出的代表。

名镇分路口地灵人杰，历史文化源远流长。如今，它正如一只金凤凰，飞出这云雾深锁的大别山，飞向广袤的山外，终将为世人所知。

（转载于《市场星报》多媒体数字报　张亚琴）

三　安徽省首个“文化强镇纲要”即将面世

人民网讯　打造城镇“十分钟文化圈”、农村“十里文化圈”；加强文化遗产保护，选送若干遗址申报文物保护单位；开发利用民间艺术、民俗文化等非物质文化遗产，扶持一批非遗项目；充分挖掘武陟山、翁氏宗祠、将军故居、汉武帝试弩台等历史文物遗址的价值，复建“武陟书院”“焦状元读书台”，力争打造一批文化旅游品牌；打造一些文化主题公园等，由安徽省城镇化进程中的地域文化保护与传承专题调研组编制的《安徽省六安市裕安区分路口镇文化强镇实施纲要（初稿）》，即将出台。这将是安徽省“文化强省”战略实施以来，出台的第一个“文化强镇纲要”。

中央城镇化会议公报明确指出，在城镇化的进程中，要传承文化，发展有历史记忆、地域特色、民族特点的美丽城镇。要让居民望得见山、看得见水、记得住乡愁；要融入现代元素，更要保护和弘扬传统优秀文化。为此，省政府参事室、省文史馆组成调研组，分别赴六安、安庆、黄山、绩溪县多个市

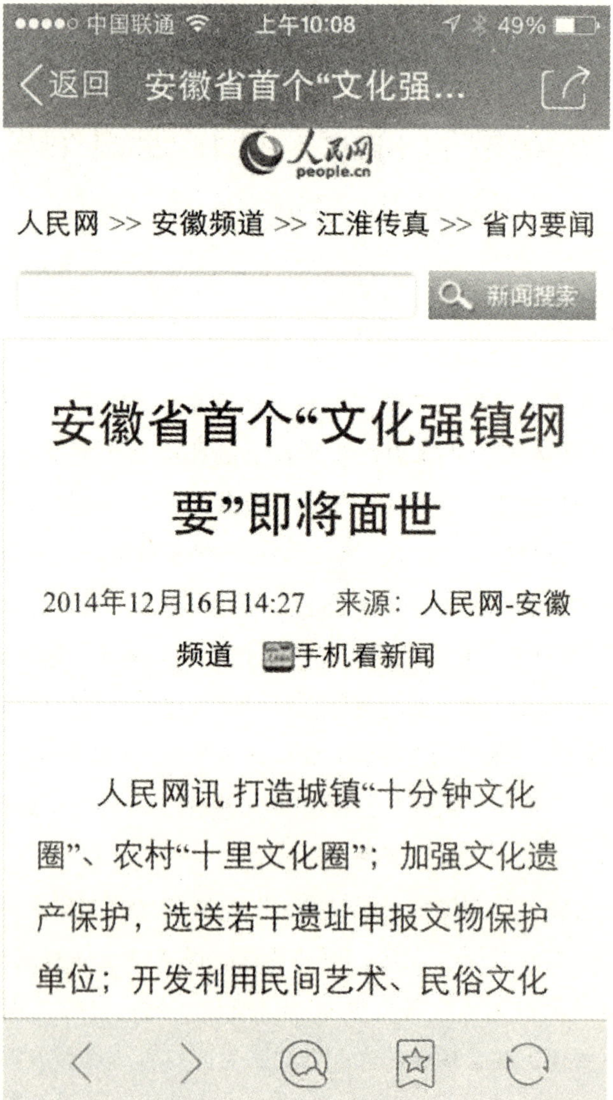

●●●●○ 中国联通 上午10:08 49%

返回 安徽省首个“文化强...

人民网 people.cn

人民网 >> 安徽频道 >> 江淮传真 >> 省内要闻

新闻搜索

安徽省首个“文化强镇纲要”即将面世

2014年12月16日14:27 来源：人民网-安徽频道 手机看新闻

人民网讯 打造城镇“十分钟文化圈”、农村“十里文化圈”；加强文化遗产保护，选送若干遗址申报文物保护单位；开发利用民间艺术、民俗文化县区考察，重点就“我省城镇化进程中的地域文化保护与传承”进行专题调研。

处于六安市城乡接合部的分路口镇，是六安市扩权强镇试点镇、省新农村建设示范镇，最近又被命名为“皖西名镇”。该镇是汉武帝南巡入皖首次登临驻跸的武陟山所在地，也是著名诗人蒋光慈的祖居所在地，开国中将梁从学、少将杨植亭的故乡，以及多处西周和汉代遗址，文化底蕴十分丰厚，但目前缺乏系统梳理并制定出具有可操作性的文化强镇实施规划。

调研组的专家、学者，根据分路口镇的实际情况，提出应在推进城镇化建设中高度重视地域文化的保护与传承工作，编制了《分路口镇文化强镇实施纲要》，繁荣文化事业，壮大文化产业，推进文化惠民，让人民群众在更高标准上共享文化发展成果。

《实施纲要》从加强国民艺术素质普及教育、加强文化设施建设、加强文化遗产保护、提升旅游文化品位等，进行了有针对性的规划。特别是在加强文化传播建设方面，专家们提出，要充分利用丰富的人文资源、人缘地缘优势，组织文化产品、服务、人才参加上级举办的艺术交流会，扩大分路口镇的文化影响力。充分发挥电视、报纸、新媒体的传播优势，介绍分路口地方文化的内涵与价值，加强分路文化的宣传。同时策划举办分路口文化沙龙，举办类似翁同龢、蒋光慈文化论坛、红色分路口论坛等，不断扩大分路口镇文化的传播力、影响力。

“安徽敢为天下先”，安徽省城镇化进程中的地域文化保护与传承专题调研组负责人翁飞先生介绍说，安徽省已经制定出“三个强省”的宏伟蓝图，扎实深入抓好“文化强镇”这条主根脉，是实现“文化强省”的重中之重；而且，由于安徽特殊的地域区位、多元的文化生态，从各类乡镇的基点抓起，也确实能给全国的城镇化进程提供借鉴和启示。

（转载于人民网安徽频道　宫礼）

四　安徽六安分路口镇加强美好乡村建设

安徽省六安市分路口镇是安徽省新农村建设示范镇，1998年由原分路口、大岭、淠联三个乡撤并而成，现有14个行政村和1个街道居委会。美好乡村建设过程中，分路口镇抓住新一轮发展机遇，将分路口镇打造成市郊储运物流中心、山口经济贸易集散中心、312国道工业加工中心、市休闲度假中心、市郊农副产品生产供应中心等五大中心，着力构建“开放分路”“和谐分路”“魅力分路”。

地理优势，提供发展先机

分路口镇交通便捷，区位优越。镇区位于六安城区西郊16千米、淠河之滨，东接六安、合肥，西承叶集、信阳，是大别山山货经济出口集散地，312国道、阜六高速公路、六响公路贯穿全境，构成了十字形公路网线，是312国道上一座璀璨的新型集镇，在建中的沪汉蓉铁路和即将兴建的阜六

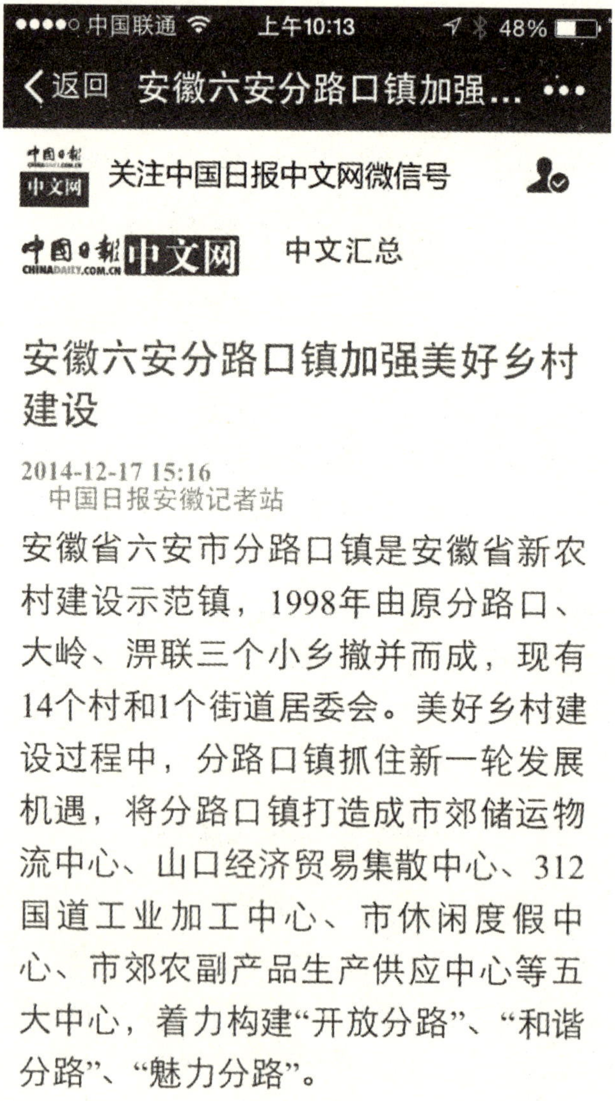

●●●●○ 中国联通 上午10:13 48%

〈返回 安徽六安分路口镇加强…

关注中国日报中文网微信号

中国日报 中文网 中文汇总

安徽六安分路口镇加强美好乡村建设

2014-12-17 15:16
中国日报安徽记者站

安徽省六安市分路口镇是安徽省新农村建设示范镇，1998年由原分路口、大岭、渭联三个小乡撤并而成，现有14个村和1个街道居委会。美好乡村建设过程中，分路口镇抓住新一轮发展机遇，将分路口镇打造成市郊储运物流中心、山口经济贸易集散中心、312国道工业加工中心、市休闲度假中心、市郊农副产品生产供应中心等五大中心，着力构建“开放分路”、“和谐分路”、“魅力分路”。

铁路形成皖西密集的铁路枢纽中心，是全省乃至全国向中西部物流、人流、信息流汇集的交通枢纽之一。被誉为“裕安西大门”，与金安区东三十铺镇共誉为六安市经济腾飞的“东西翼”。

政府带动，指引建设道路

自省、市部署美好乡村建设任务以来，分路口镇政府坚持示范带动，梯度推进，升温加压，强化保障，进一步明确推进思路和建设重点，实现美好乡村建设制度化落实、常态化推进。分路口镇莲花庵村蚂蟥沟中心村是全区首批 31 个美好乡村建设示范点，走进中心村可以看到整齐的楼房、洁净的环境，小区绿化已经全部完成，村民健身广场已建成，健身器材即将进行安装，太阳能路灯也安装到位，需安置回迁的 112 户中已有 80 户在春节前喜迁新居。在分路口镇江堰村江大堰中心村，原来 871 米长的中心村主干道在实施美好乡村建设后，已经被平均拓宽了 1.5 米，使得中心村道路更加宽阔便于通行，道路旁边的排水暗渠，村里的小型污水收集处理系统等无不显示这个中心村的与众不同。在一处已经征收准备用作建设村民公益活动场所的地边，村党总支书记王立江告诉记者：“建设美好乡村，群众非常欢迎和高兴，尤其是建设一些公共基础设施，广大群众更是予以高度的理解和支持。这个公共健身场地建成后，群众有了娱乐和健身场所，一些文艺宣传活动都可以在这里举行。美好乡村建设的多项举措大家在村民会议上也都积极支持。”

多方合作，打造美好乡村

近年来，镇党委、政府坚持以“三个代表”重要思想为指导，以科学发展观为统领，按照“依市强镇、商住扩镇、市场兴镇、产业富镇”的“四镇”发展战略，着力在集镇建设上彰显特色，裕龙新城大市场、淠滨花园、和谐园、分路口大市场等集镇开发项目的相继完成，扩大了集镇规模，提升了集镇品位；着力于招商引资，海螺水泥、中石油储备库、宏兴冷冻厂、长健米业、金龙米业等项目扎镇落户，壮大了工业经济实力；着力在产业结构调整上大做文章，以江堰双孢菇示范基地为龙头，大力培育岗畈区优质粮油生产基地、湾区无公害蔬菜生产基地、中药材生产基地、沿淠经济作物生产基地、生态林基地和丘岗地栽桑养蚕生产基地等六大产业基地，提高了农民收入。

其中，安徽九鼎农业科技发展股份有限公司是农业产业化重点招商引资项目，公司坐落于安徽省六安市裕安区分路口镇，是一家集规模化养殖、畜牧机械、饲料加工、沼气发电工程等为一体的农业产业化龙头企业。项目占地面积约 3000 亩，总投资 4 亿元，分二期开发，一期占地面积约 800 亩。公司立足于地方资源优势，以荒地开垦为基础，以绿色环保为理念，建设年产 30 万头的商品猪养殖基地（一期建设规模为年出栏商品猪 10 万头），同时建设原种猪场、牧业设备厂、饲料加工厂、有机肥加工厂、沼气发电厂。公司养殖技术依托中国农业大学等高校，并与安徽农业大学、皖西学院等地方高校建立了紧密的合作关系，将形成集科研、生产、加工、销售、服务为一体的现代化新型农业企业。

（《中国日报》安徽记者站供稿　方　平　曹莹莹）

五 蒿子粑粑也有了节日

《舌尖上的中国 2》播出六安美食后，蒿子粑粑就闻名全国了。2015 年 4 月 18 日，六安市首届蒿子粑粑旅游美食文化节在裕安区分路口镇武陟山庄盛大开幕。

一出锅就被一抢而空

分路口镇也是六安百里茶古道的入口处，镇上许多居民热情洋溢，一脸喜悦。武陟山庄的美食节更是人山人海，好不热闹！

16 个锅炉前站满了人，大家都焦急地等着美食的出炉，一出锅便被一抢而尽。今天来到现场的市民不仅有好吃的蒿子粑粑可以品尝，而且现场还举行了蒿子粑粑制作大赛，这 16 个锅炉正是分路口镇各个村派出的代表队，活动现场的村民告诉我们，她们都是村里制作蒿子粑粑顶尖的“高手”。

16 个代表队各有绝活，原料有的用糯米粉，有的用玉米面，连腊肉也是各有风味。江堰村的代表徐霞就告诉我们，她

评委们在品尝、打分

们做的腊肉事先经烟熏过，既有咸货的香味，又有一点焦香，火候很重要，一定要用文火慢慢在锅上炕熟，中间不能断水，否则就会一块煳一块生。

我们尝了一口，味道果然很不一样，一口下去，既有腊肉的口感，又有蒿子的清香，外加玉米面的黏稠，柔润香糯，回味无穷。

记忆中的味道

清明时节野蒿香，蒿子粑粑祈平安。对许多人来说，有些美食只有在特定时间内品尝才具有更浓厚的文化韵味，就如同六安的清明节少不了“蒿子粑粑”。对于许多人来说，蒿子粑粑不仅是一道季节独特的美味，更是一种家乡的情愫。

老家霍邱的高先生今天特地从合肥赶回来参加这次美食节，他告诉我们，自己是个不折不扣的爱蒿一族。

“记忆中的蒿子粑粑是妈妈和奶奶的味道。小时候放学早，我就和小伙伴们三五成群地去水沟边摘芹菜，在荒地里采香蒿。我们几个孩子会把辛辛苦苦采回来的香蒿交给奶奶，围观奶奶焯蒿子、剁蒿子、和糯米粉，最后寸步不离地在灶台边看着奶奶煎蒿子粑粑。每次到揭开锅盖的时候，我连眼睛都不敢眨一下，口水直流。”高先生笑着说，直到现在，一闻到蒿香，儿时的记忆就会涌现出来。

四月是个缅怀的月份。清明前后，有些人家会拿“蒿子粑粑”当供品来祭奠逝去的亲人。因此，“蒿子粑粑”又多附了

一层思念的味道。乡亲们做粑粑、吃粑粑，更多的是对亲人的怀念，对健康的祈佑，对美好生活的企盼。这“蒿子粑粑”只属于清明时段，属于故乡，属于亲人。品尝它，眼前浮现的是故乡的风景，这也许是异乡游子对其念念不忘的深层原因。

关于蒿子粑粑的传说

关于蒿子粑粑，还有一个传说。古代，农历三月初三是人间恐惧不安的日子，被人们称为“鬼节”。不管人们如何恐惧，每年三月三的“鬼节”还是照常光临。“鬼节”前夕，人们都拥到庙里烧香磕头，祈求神灵菩萨保佑。人间浓烈的香火，直冲到观音菩萨的莲花座前。

观音掐指一算，知道了人间烧香的原委。一天晚上，她托梦给一个老奶奶：“我是南海观音菩萨，知道人间有难，特来拯救你们。我赠你仙草一株，用它和面做粑粑吃下，三月初三保管无恙。”老奶奶一觉醒来，手里果然拿着一株青茸茸的小草，仔细一看，跟地里长的青蒿一样。她把观音菩萨托梦赠草的事告诉乡亲，大家都很欢喜，忙到地里去采摘青蒿，磨面做粑粑吃。

说也奇怪，凡是三月三吃了蒿子粑粑的人都平平安安地过了“鬼节”关。这个消息很快传遍各地，每年三月三前夕，姑娘妇女就成群结队到山间地里采摘青蒿做粑粑。所以直到现在，咱们大别山区的民间还保留着三月三吃蒿子粑粑的习俗。

（六安新周报）

附录

分路口镇民风民俗

第一节　生产习俗

一、农业习俗

本镇大部分地区属冈、畈、湾地区，农业生产以种水稻、小麦、玉米油菜为主，各处生产习俗大同小异。

春天育秧季节（农历）把住清明时间：二月清明不提前，三月清明不推后。种小麦、油菜：寒露油菜霜降麦。种晚玉米：立秋三片叶。种黄豆：立夏种黄豆，当顶一榔头。说明种黄豆必须在立夏之前。立夏不下（雨），搁犁搁耙。九月初九重阳节：重阳无雨看十三，十三无雨就冬干。

本镇饲养的畜禽主要有猪、牛、羊、鸡、鸭、鹅等。旧时孵鸡、鸭、鹅，上蛋时要择吉利日子，选窝避太岁（迷信传说中的“凶神”）。宰杀畜生时忌杀第二刀，农家习惯“杀年猪”，杀年猪最迟必须在腊月二十六之前，俗语说：“二十八，断刀杀，杀七不杀八。”宰杀时，血喷得远认为有喜，不见血则认为有丧。一般杀猪的当天，请亲邻喝酒，名为“打猪戉”（也有“打鹅戉”“打鸭戉”的）。鹅鸭一般在立冬前后宰杀，腌制腊货。杀当年养成的鸡鸭时，第一只要把血撒在野外，敬奉“黄大仙”（黄鼠狼）。

二、工商业习俗

木匠投师学徒要送礼，宴请师傅。每逢节期都要送礼。一般学徒时间为2～3年，只管吃喝，没有工钱，满师后，还要设宴谢师，有的师傅则送给徒弟一套工具。

木业工匠的会期择在六月初六。木工做结婚家具要先做床，一般家具则先做柜，不能先做碗柜。做床的尺寸不离半，意为“有伴”；做桌的尺寸则不离九，意为“有酒”；做床的用料喜用梓树、槐树和枣树，取其谐音“子怀早”的吉利意思。木工用料一般讲究“头不顶梓，脚不踩桑（谐音‘丧’），身不入楝（谐音‘殓’），堂屋不用桑”。木工在主家做活，一般只在厅屋，不在堂屋。

近年来，本镇商业兴旺，多为百货商店、超市、五金、建材、作坊、成衣店、缝纫、药房等。开张之日忌讳打架斗殴，讲不吉利的话等，如有前来致贺的则要办开张酒。

第二节　生活习俗

一、饮食习俗

农民主食随农产品的收获季节及存储而变化。本地区大部分以吃米为主。湾区一部分以小麦、玉米为主食。农民忙季吃一顿稀两顿干；闲时吃两顿干或二稀一干；大忙季节，都吃四顿饭，即在午饭和晚饭之间增加一顿饮食，叫作“吃下昼”。

镇居民主食为米饭，杂以面食。每天三顿饭，一稀两干。早晨点心、面条或稀饭。近年来镇居民饮食结构变化较大，已开始追求高蛋白、高营养。

举凡婚丧嫁娶，寿诞节日，人情往来，都要设宴招待。村镇宴席最丰盛的为“十大海”，另有1～2锅三鲜汤菜，6～8道炒菜。宴席第三道菜，必须上圆子。一般喜宴的标准是十碗菜。宴席的菜肴，均为鸡鱼蛋肉，家常蔬菜。镇居民宴席较为随便，隆重的便在饭馆待客。人们日常生活都注意节俭，但每年秋后，家家都要置办大量鸡、鸭、鹅、鱼、肉、蛋等鲜腊年货。春节年初一拜新灵（指前年家庭有过世的人），正月初二至正月十五前后，家庭团聚，亲友交往，宴席不断，大吃大喝，与平时对比鲜明。此俗自古至今，村镇皆然。

关于饮食禁忌。如除夕吃年饭，留下鱼类食品不吃，俗称“看鱼”，意在“年年有余（鱼）”，直到过了正月十五以后才吃；未满12周岁的孩子忌吃鱼子，忘蛋（孵过的非受精卵蛋）及鸡鸭鹅的下颚等；请客人吃论个数的蛋，最少是3个，忌讳给两个，因为两个是给死人的祭蛋（又叫倒头蛋）；而吃饭则忌上三碗或八碗菜，前者是祭祀的规矩，后者是丧宴的规矩。

二、居住习俗

近年来，乡村住房习惯，大部分是2～3层钢筋结构砖瓦楼房，也有少数平顶砖瓦房。正屋多盖单数（3间或5间）以中间为堂屋，厨房设在左边，极少例外，门内不盖厕所（街上房屋例外）。室内布置，不论城乡，堂屋皆设“供桌”，正面墙上大多是山水画或领袖人物像中堂，也有少数挂“天地国亲师”中堂。两壁皆挂上山水或名家书法四扇屏条幅。随着经济形式的快速发展，农村、城镇在住房的式样、装饰基本趋于一致。现今农村建房，要选定吉日开工，上梁、装修、竣工、上庄，都要喝上梁酒、上庄酒。请亲邻朋友上门庆贺，送彩礼。当场烧香点烛，鸣放鞭炮，举行庆贺仪式，宴请亲邻。

居住农村，习惯禁忌很多，如门前不栽桑，后门不插柳（桑同“丧”，柳同“流”）均被视为不吉利；已出嫁的女儿，不能回母亲家过年，不能在母亲家生育，女儿女婿不能在母亲家同室居住；死于异地的人，尸体不能再进入家门等等。

三、交际习俗

农历正月出门，有“七（初七）不出，八（初八）不归，初九出门惹是非”的禁忌。农村宴请客人，讲究席位，贵客要请坐首席（即正屋进门右方），桌对面为陪席。长辈或上年纪的人要坐上席。喜宴每桌定为 10 人，如人不够，还要临时拉人凑数；亡人聚众丧宴每桌 8 人。喜宴在上 6 碗菜时，丧宴在上 3 碗菜时，主家要致谢意，客人们要站起来回礼。客人吃完饭时要逐一向同桌和家主致意。有的还要将筷子并放在碗上，表示相陪。丧人家庭三年内春节不贴红门对，只能贴绿纸门对。“七月半”（传说是鬼节）的前几天，不能走亲戚，看朋友，不能到有老人的家庭串门，即使女儿也不能走娘家。新婚闹房三天之内不分长幼大小。妇女生产未满月不能进入他人住宅，以上风俗在农村普遍盛行。

第三节　婚丧祝祭

一、婚嫁

（一）婚前

按传统习俗，首先需提亲相亲，即由男方请出媒人（俗称

"老红"，以中老年人为主）说合，约定日期，女方父母亲及亲戚在媒人的陪同下走访男家（叫看家），若受男家宴席款待则表示同意亲事，否则，不接受款待，亲事作罢。第二步即可"作揖""下书"。双方在口头说定后，男家可选定吉日，请媒人携礼物去女家再议落实，并带回女方的生辰八字，称为"作揖"，若被认为无八字相克，男女双方即交换"婚书"（俗称"红书"，系红纸写就，男女双方款式相同，男方封面写"恭述"，女方写"敬允"字样），称为"下书"。双方请至亲喝酒。男方媒人携"红书"礼品送往女家，带回女方"红书"，亲事即定规。待男女双方认为适宜婚配时，即需"起媒择期"（俗称择日子）。由男方请媒人携礼物去女家催要姑娘"过门"。女家同意后，男家将选定的吉日写在红纸上（叫择单），请媒人带给女家。在婚日正期前，男家须准备好新房，高档衣料，高档家具，高档电器，三金（金项链、金耳环、金戒指）等。媒人带上彩礼并"孝心费"（少则几千，多则几万元）送到女家，至此，婚前一应手续，始告完备。

（二）婚期

旧时迎娶用花轿，现时迎娶坐花车（轿车），进女家后，由双方媒人将婆家送来的"连儿肉"（即二吊肉相连中间划开的猪肉）拽开，留给母亲一块。新娘梳洗打扮穿戴婚纱，上车前，要吃"分家饭"，即与哥哥或弟弟同吃盛在一只碗里的饭菜。然后坐车上路，还要注意错开来时走的路，所带嫁妆的多寡视家庭经济情况而异。但一般都要陪送高档电器、棉被、床单、大小脚盆、梳洗化妆品、“子子小桶子”（塑料便桶）里面要盛上七个鸡蛋，此蛋规定新郎、新娘吃掉，以示以后生男育女，多子多孙。花车行至接近婆家路中，男方须组织男女迎亲队，将新娘迎入家中。这时，小姑子送4次饮食，新娘象征性地饮用一下，以示今后姑嫂和睦。傍晚举行新式婚礼，即拜天地、父母、互拜，喝“交杯酒”或吃“连心果”。然后，新娘新郎步入洞房。宾客们开始“闹房”，新郎新娘站在床前，听任哄闹，不得生气或嬉笑，以示庄重。好事者，还有于夜间躲在窗下“听房”的习俗。

（三）婚后

拜堂的次日，为“待二”。家里设宴款待新娘。有的还要上喜坟。不少地方，尚有“泥红”习俗，除新郎新娘外，不分男女老幼竞相向他人脸上抹红水（尤其抹公婆最为多，都以挂“喜气”为吉利）。三日“回门”，新郎陪新娘回娘家，带上提篮礼（烟酒糖等），娘家邀请家庭兄弟，长辈及诸直亲来（姑爷、舅舅、表叔，姨父等）陪客。过后男方择日，邀请女方近亲前来会亲。新娘的兄弟长辈来男家探视，来者均掏认亲礼（少则上百，多则上千上万元）。主家点烛、烧香，叩头拜谢。新婚后，一个月内夫妻同居，不能“空房”。

新中国成立后，婚姻风俗有较大变化，包办婚姻逐渐消除，父母之命、媒妁之言已退居次要，男女自由恋爱结婚越来越普遍。婚嫁形式也较为简易。相亲、小述、下书等手续在农村中还较为普遍，但已不注重生辰八字。彩礼已从“五子衣”

向高档衣料、高档家具、高档电器几大件转化。现农村借要彩礼之机，要“孝心费”等变相买卖婚姻尚有一定影响。每年三节（春节、端午节、中秋节）男方都要向女家送礼。婚礼也有改变，废除叩拜，不用轿子抬，改用轿车，典礼简便。随着经济生活改善，结婚铺张浪费之风有所抬头，动辄几万乃至几十万元，镇村结婚费用已逐渐成为家庭的负担。

二、丧葬

本镇丧葬，旧时多为木棺土葬。有钱人家都要请道士、和尚做法事，超度亡灵。老人临终前，亲属都要守在身边送终，临终之时，还要把帐子下掉，不能让老人死在帐内。一般在堂屋墙边铺上草铺，让病重之人睡在铺上，为亡者穿上老衣。死后普遍停丧三天，亲属轮流守灵，接受亲友吊唁。第二日夜，由“聚重”（抬棺材的人）将死者抬进棺材内“入殓”，亦称“掩殓”。封棺前，全家人都要与死者见最后一面，然后于次日（第二天）鸡鸣时将棺材抬出门外，谓之“偷棺”，天明由孝子在前打引路幡子带路，由抬棺人抬到山上，挖坑土葬。

新中国成立后，破除迷信，做道场、持招魂幡等习俗已渐渐消亡，但其他丧葬风俗与旧时基本相同。20 世纪 60 年代曾提倡无坟深埋，70 年代后提倡火葬。现今则完全要求火葬，而葬仪改为送花圈、开追悼会等。

三、生育、寿宴

（一）诞生

孩子生下三天后，用大麦根、金银花藤、槐树头、桃树头和艾枝熬水洗澡，名为“洗三”。当日，要置办礼品（染红熟鸡蛋、糕糖肉面等），向岳母家报喜。生男孩要送公鸡两只，带回母鸡一只；生女孩，要送母鸡两只带回公鸡一只。产妇在“月科里”（即产后一个月内）不准出家门，不准到灶台打水。10天前后，娘家亲友（为主）及男家亲友都要带母鸡、挂面、鸡蛋、红糖等礼品前来吃喜面。满月后，产妇要携婴儿回娘家探亲。回来时，娘家要送给婴儿长命碗两只或四只，筷子一桌，红绿丝线（或棉线）各一撮，糕一条。

（二）抓周

婴儿周岁纪念日，亲友携礼品前来庆贺，吃“抓周”饭。抓周时点燃香烛，鸣放鞭炮，把准备好的花鞋、红鸡蛋、糕点、算盘、毛笔、钢笔、书本、钱等东西（一般为10样）放在铺着红布的桌子上，由母亲逗引婴儿从桌子上抓东西，以预测一生的前途。如抓笔、书之类，则认为将来爱学习，懂知识，全家皆大欢喜。新中国成立后，抓周习俗一直保留，现已逐渐演变为生日纪念活动，如照相、电视台点歌、点电视剧、欢宴等。

（三）童年

乡间旧俗，男孩“金贵”。孩子从出生起，至12周岁后才理发，称为“留胎毛”；或在剃头时，在脑后留一小撮胎毛，到12岁时才剃去，称为留“乌龟梢”。也有在婴儿剃胎毛时，留下胎毛，缝在衣服内保存。目前农村尚有余风。

旧时民间认为，男孩难养活，因此常以猫狗牛羊等动物给孩子命名，意在轻贱，易于养活，或以栓柱、铁锁、石磙等笨重、坚固、长久的物件命名，意在长命百岁。此外，还有认许多“干爹”“干妈”，穿“和尚衣”算出家人，改随别人姓，戴长命锁等旧俗。至今，农村还保留这些旧俗。

（四）做寿

老人年满60岁，即开始做寿，也有提前一年做大寿的。以后每隔10年还有庆寿。生日这天，亲友携寿桃、寿面、寿帐、寿联和各色糕点和其他礼品前来祝贺。新中国成立前，富家“寿星”有的还要请道士做预修、念斋经、打寿醮。祝寿时，敲锣打鼓，鸣炮奏乐，焚香燃烛，晚辈给“寿星”磕头祝福。主家则摆酒席宴请亲友。

第四节　岁时节日

一、传统节日

（一）除夕　春节

农历腊月三十（月小在二十九日）晚上叫“除夕”，加上正月初一（春节）、初二合称为“过年”。过年前几天，家家户户彻底清扫房舍，洗刷门窗家具，称为“掸尘”。一般农户还要加上年饭米，做糯米粑粑、磨豆腐，准备好鸡鱼肉蛋，置办香烛，灯笼等年货。除夕当天，男人们忙于备足饮用水，布置房间，悬挂灯笼，粘贴春联、年画等；妇女则忙于制作菜肴，烧煮足够过年三天吃的年饭。这天做事要特别小心，不准说错话，不准打坏一件东西，否则，就视为不吉利。“早过十五，晚过年”，年饭一般都在傍晚时吃。饭前，要扫净地面，倒尽垃圾和污水，烧香点烛，燃放鞭炮，摆设供品，磕头礼拜，祭祀祖先。然后摆出菜肴酒饭，请出老人长辈，入席就餐。为了预祝来年生活十全十美，菜肴多为 10 碗，特别是不可缺少鱼（年年有“余”）、圆子（称“元宝”）、粉丝（称“钱串子”）、豆腐（谐音“都富”）等表示吉祥如意，发财发福的菜肴。吃饭时，全家大人小孩都要入席就座；多摆上碗筷，表示来年要添丁进口。吃年饭时不许喝汤，吃完后，要在碗里剩点饭，称为“留仓底”，以示来年生活富裕、钱粮有余。年饭锅巴要留起来。饭后，即行“接灶”，迎接灶神下届过年，保佑平安。吃过年饭（过了午夜），晚辈开始给长辈“辞岁”，长辈则要给“压岁钱”。夜间，所有房屋都要电灯照明，通宵不熄，阖家大小围火取暖，称为“守岁”。家庭成员和亲邻相串，抹纸牌，打麻将，玩扑克，尽兴娱乐。午夜，还要吃红糖水煮鸡蛋、红枣，称为“拿元宝”。

翌日，即为春节，有拜年习俗。全家都着新衣，晚辈给长辈拜年后，吃鸡汤面条、粑粑。初一，只到新丧之家去拜年，称为“拜新灵”。其后，顺序一般是先到近房叔伯和家族长辈家拜年，再到岳父、姑父、舅父、表叔、姨父以及朋友、邻居家拜年。各家都备有烟、茶、果点，招待拜年的人们。俗语说，“拜年拜年，粑粑上前，板凳做做，瓜子嗑嗑”。

春节期间，赌风盛行。亲朋之间，白天黑夜聚赌。有些地方虽然有些收敛，但差禁不严，仍然死灰复燃，尤为盛行。

新中国成立后，春节习俗中敬神等带有迷信色彩的东西逐渐消失。城镇机关单位，负责同志往往挨户给离、退休干部，职工拜年，是为拜年习俗之新风。

（二）元宵节

农历正月十五，是元宵节，又叫上元节、灯节。这是本地民间较为重视的传统节日。群众习惯早过十五晚过年。清晨即烧香点烛放鞭炮，吃元宵。吃罢午饭，一部分人出门打牌，寻找娱乐，一部分人赶早上庙会，烧香叩拜、许愿，祈求一年平安进财长寿。也有少数好事者早晨到寺庙里抢“红子”（由许愿后生了孩子的人家敬献给菩萨的红布），送给久婚不育的人家。抢来“红子”后，敲锣打鼓送到希望能生养儿女的人家时，主家要置办酒席招待酬谢。如是以后生了孩子，还要到寺庙去还“红子”，此风渐止。

（三）端午节

农历五月初五，是端午节，又叫端阳节。这一天，家家户户插艾草、蒲草，烧盘香，燃苍术薰房，清除秽气。家家包粽子，绿豆糕为应时糕点。

初嫁姑娘之家，在初三那天就将女儿、女婿接来过节。已定婚约的姑娘，亦有未婚夫家接去过节，赠以草帽、雨伞、毛巾、扇子等礼物。

（四）中秋节

农历八月十五为中秋节。家家户户置办酒饭，庆祝丰收。亲友之间，多以月饼相赠。外地亲人多在这天赶回团聚。晚间，在月下摆设桌椅，陈列月饼、板栗、石榴、菱、藕等应时果品，焚香拜月，分食月饼，水果。这一天，接姑娘、媳妇过节，学生送尊师礼。现风俗依旧。

二、时令习俗

（一）社日

社日分为“春社”和“秋社”，一般在立春和立秋后第五个戊日。

（二）清明节

清明是传统的祭扫坟墓的节日。上坟、包坟限于清明前10天和后10天，但忌避“寒食节”（清明前一天），“新坟不过社”，新丧之家，要在“春社”之前祭扫坟墓（春社，立春后第五个戊日）。清明也有安葬的，但只限于前3天和后3天。建国后，城镇各单位在这天集体祭扫烈士陵园，缅怀先烈，教育后代。

清明这天，最好是晴天。农村俗语“清明晒死柳，一抱麦子打一斗”，说明清明是晴天出太阳，庄稼丰收。清明也是农业生产的重要节令之一，标志着大忙季节开始。“清明前后，种瓜种豆”。农村要犁田、耙地、泡稻育秧、贴埂蓄水、育苗除草等。

（三）寒食节

旧时寒食节，人们一是吃冷食，忌上火；二是忌上坟，认为阴间也忌烟火，烧纸钱死者得不到。

（四）入伏

本地自入伏起进入夏季最热时期。这天农村有喝井水的习俗，说是喝了可以抵抗暑热，不致中暑。喝时，还要在水里加入少量细碎蒜米。

（五）中元节

农历七月十五，是中元节，又叫“七月半”。凡新丧之家过第一个“七月半”时，亲族、亲戚都要置办香烛纸箔，前来祭奠死者，亡者家庭要为死者“签库”（用麻楷搭架建成四合院房，用红绿黑白彩纸黏糊而成）。然后在野外，围草、纸钱焚烧，算是给亡者建房安家。

（六）冬至

数九头一天是冬至。村乡居民多于这天清晨吃煮南瓜、做南瓜粑粑，油炸鸡蛋和炸圆子面条等食品。老人为了防止受寒咳嗽，也有喝少量麻油的。“吃了冬至面，一天长一线”“冬至当日归”。说明冬至这天太阳从南回归线向北移动，白天最短时间已止，白天时间渐长。

（七）腊八

农历腊月初八，俗称“腊八”。民间多认为这天是百无禁忌

“黄道吉日”，是男婚女嫁的好日子。多举行婚嫁喜事。故有“腊月腊八老日子”的俗谚。这天，人们还要吃“腊八粥”，即用玉米面、肉丁、豆腐干、粉丝、海带等八样东西煮粥食。

（八）大寒

自大寒至立春的半个月内，称为“乱岁”。传说是此时为前、后任“太岁”（一种凶神）的交替日期，老的去了，新的来了。这时破土、砍树、殡葬等不会触犯“太岁头上动土”的禁忌。因此农村群众多于这一时期进行安葬、砍树和建房开工等活动。

（九）小年

农历腊月二十三“小年”，又叫“祭灶”或“送灶”。这天在外地的亲人一般都要赶回来团聚。学校也都在此时放寒假。家主点香烧纸，叩头礼拜，祈求灶君上天言好事，下界保平安。现今过小年习俗依旧存在。

第五节　迷信陋习

一、医病

农村医病（头痛、晕厥、神志不清）少数地方老年人还有一种称为“送汤忌”的陋习，分“平送”和“恶送”两种。“平送”即在厨房灶上或大门门枕放一碗清水，用三根筷子并在一起，竖立碗中央，以一手扶着，另一手向碗里取水从筷子上部淋下，嘴里不停地念叨着已逝亡魂的称呼，直至筷子直立不倒时才抓茶叶米打倒筷子，将水泼向门外，并许愿向被冲撞的亡魂烧祭。“恶送”是请“端公”（神汉）焚香占表，诵经招魂，画符念咒，杀公鸡，抽桃条，祭品送往三岔路口焚烧。此习逐渐消失。

二、祭奠

回煞是旧时祭奠亡灵的一种迷信活动。是指新死的灵魂最后一次回家与亲人告别，这天挨黑睡觉，整夜敞开大门，并在门内、外地上铺撒青灰，屋内设香案、油灯，放上祭品，于第二天早晨查看青灰上有无脚印。如无，当日晚上再重复一次，名为“偷煞”。此俗未绝。

“烧灵”，又称“烧库”，是为亡灵置办阴间所用器物的一种迷信活动。油灯人家在殡葬时烧纸钱扎“轿马”，也有人家在满“五七”后，选吉日，请道士扎纸糊的房屋家具，甚至仆人、牲畜等物。焚香叩拜后，在道士的诵经中，用火焚化。近年来，农村中又偶有出现，规模小而隐蔽。

三、预兆

占卜，是民间预卜吉凶的一种迷信活动。有少数人靠抽签、看相、算命等职业者谋生，此习未绝。

此外，民间还流行许多象征性的预兆习俗，如赌咒、发誓。咒语中有：“焦尾巴根”“绝后代”“活不到年”“死一家人”“死在年三十”等。

其他象征性预兆有：喜鹊叫，象征有喜事或有客人要来；母鸡叫带根草，中午客来得早；听到乌鸦叫象征有祸有灾，向它吐口痰，则又可“逢凶化吉”；早上起来不说大雾，要说挂帐子，印“雾”与“误”同音，说了当天做事会有差错；竹扫帚不能托，因为孝子给死人烧灵时必须托扫帚的，所以平时托则视为不吉利；走路不看水井，看了会求则落空；夜梦拾棉花，就可能要穿孝（即家里会死人）；早起不拿剪刀，可免是非口舌等。

安徽九鼎农业科技发展股份有限公司

滨河佳苑

分路口镇集镇区鸟瞰图

感恩教育实现亲情互动

浩宇生态农业基地

莲花庵村新农村建设

留守儿童包饺子比赛

六一文艺演出

美好乡村文艺会演

裴家滩古城寺

普法宣讲会

青山绿水相映成趣的武陵山

区领导调研美好乡村建设

设施齐备的中心村健身广场

社会治安综合治理宣传

送医下乡活动

皖西白鹅养殖基地

小志愿者慰问敬老院老人

新世纪广场

新政务中心

亿元规模企业六安海螺水泥有限责任公司

幼儿园亲子运动会

裕龙星城大市场

运输繁忙的分路口铁路干线

中心村篮球赛

中心村一角

中学生棋艺比赛

跋

这是一年中最好的季节，花蕾吐蕊，柳条抽丝。

窗外，走过三三两两美人儿，急不可耐地穿起了初夏短打，我视此为一道风景，是对近十个月劳碌的犒赏。

虽为皖西子弟，但一直有个遗憾，从未替家乡写过一本书。有次聚会，前辈也是同乡程耀恺先生调侃说："合肥的大街小巷居然让一个六安人给写了，什么时候也写写六安吧?"

从此有了一个心愿，没想到的是了结这个心愿竟然如此之快。

2014年夏，著名文史专家翁飞博士领衔"安徽省城镇化进程中的地域文化保护与传承调研"。他对我说，马上要去"大别山文化片"六安分路口镇调研，希望你能参加。

大家可能都知道这副名联："宰相合肥天下瘦；司

农常熟世间荒。”那是以籍贯指代李鸿章和翁同龢，但少有人知道，翁同龢的祖居地实际上在六安分路口。而翁飞博士恰是晚清重臣翁同龢的后裔，于是，我们自然而然将目光一起聚焦在这个文化底蕴丰厚的皖西小镇。

值得庆幸的是，我们遇到了同样对家乡充满感情的镇领导班子，尤其是镇党委书记张胜培。他们对本书的采写倾注了极大的热情，为调研、采访提供了方便。

同时还要感谢著名的美学家郭因先生，他不仅为本书题写书名，还以90岁高龄亲临分路口镇指教。

最后要感谢安徽省政府参事室、安徽省文史馆，以及安徽省历史文化研究中心的领导和专家，是他们的关心指导，保证了本书的顺利出版。

编　者

2015年春

图书在版编目(CIP)数据

皖西名镇分路口/李云胜主编．—合肥：合肥工业大学出版社，2015.5
ISBN 978-7-5650-2247-0

Ⅰ.①皖…　Ⅱ.①李…　Ⅲ.①乡镇—文化史—六安市　Ⅳ.①K295.45

中国版本图书馆 CIP 数据核字(2015)第103283号

皖西名镇分路口

李云胜　主编　　　　责任编辑　疏利民

出　版	合肥工业大学出版社	版　次	2015年5月第1版
地　址	合肥市屯溪路193号	印　次	2015年12月第1次印刷
邮　编	230009	开　本	710毫米×1010毫米　1/16
电　话	总　编　室：0551-62903038	印　张	10
	市场营销部：0551-62903198	字　数	124千字
网　址	www.hfutpress.com.cn	印　刷	安徽昶颉包装印务有限责任公司
E-mail	hfutpress@163.com	发　行	全国新华书店

ISBN 978-7-5650-2247-0　　　　定价：32.00元